JN297772

九大英単

大学生のための
英語表現ハンドブック

九州大学 英語表現ハンドブック編集委員会

研究社

はしがき

　本書は、平成 26 年 4 月から九州大学で始まる「基幹教育」における英語科目で使用することを目的に編んだものです。「基幹教育」は専攻の違いを超えてすべての学部の学生が受講するコースで、そこにはさまざまな目的があります。自ら考え自ら学ぶ姿勢を身につけることもその大切な目的の 1 つとなりますが、この英語表現ハンドブックは 1 年次に基幹教育の英語科目を受講する間に、是非自ら積極的に学ぶ姿勢のもとで習得してもらいたい英語表現を集めています。この本に挙げている語彙をまず習得することで、今後の大学における英語学習・英語使用が円滑に進むようになることを願っています。読むこと、聞くことに役立つことは当然ですが、自ら英語を使って発信すること、即ち書くこと、話すことにも積極的に活用してもらいたいと思います。大学に入学する前に習得した語彙や表現も含まれていることと思いますが、それらを復習しながら、使える語彙・表現を拡大することに役立ててください。無論、最低限これだけは 1 年次で習得してもらいたいという趣旨で編んでいるので、この本がカバーする範囲を超えて使える語彙を増やす努力も積極的に行ってほしいと思います。

　第 I 部の重要基本語彙の習得は、「学術目的の英語（English for Academic Purposes）」を学ぶ際に欠かせません。知的な文章を読んだり、聞いたりする際に不可欠であるだけではなく、近い将来学術的なレポートや学位論文を英語で作成する場合にも欠かせない要素となります。また、重要基本語彙を習得する際は、特にコロケーションに注意して学んでほしく思います。ある動詞（あるいは形容詞、名詞）がどのような語（前置詞など）と結びついて使用されるかを身につけなければ、書いたり話したりする際に正しく使用することができないからです。例文とともに使い方に注意して習得するようにしてください。

第Ⅱ部では、誰でも知っている英語の基本動詞を用いた句動詞やフレーズが集められています。句動詞（phrasal verbs）とか二語動詞（two-word verbs）とか呼ばれる表現は、口語でも文語でも使われます。文語においては、フランス語やラテン語起源の綴りの長い動詞の言い換えとして使われることがよくあります。口語文語を通じて、英語表現の最も中心的な部分（＝中核）を成す表現と言って差し支えありません。この種の表現は無数にあり、英語をマスターするにはこれらの表現を辛抱強く身につけていくしかないのですが、まずは第Ⅱ部の10の見出しに挙げられている表現を習得することから始めてみてください。また、これらの句動詞やフレーズを、他の英語表現を用いて皆さんはどれくらい言い換え（パラフレーズ）ができるでしょうか。そんなことも考えながら取り組んでみてください。

　第Ⅲ部では場面別の表現を集めてみました。大学に入学し、今後は大学キャンパスで英語を使用する留学生と交流することが頻繁にあるでしょう。そんな場合、最低限必要と思われる表現を7つのテーマに分けて集めてみました。ここにある表現は、英語圏の大学に留学した際にもすぐに役に立つものです。必要最低限の表現のみ選定しているので、まずこれらを早々に習得し、その後は自分の必要に合わせた語彙力・表現力の増強を目指してください。

　例文にはすべてネイティブスピーカーによる音声を付けています。目だけでなく耳も活用して、発信に使える表現を日々増やしてください。これから九州大学で「学術目的のための英語」を学び、英語を使って意義あるコミュニケーションができるようにするため、本書が最初の一歩、最初の手引きとなるよう、願ってやみません。

平成26年（2014年）2月
九州大学 英語表現ハンドブック編集委員会
取組実施代表者　田中　俊也
（九州大学大学院言語文化研究院教授）

本書について

　この英語表現ハンドブックの淵源は、平成12年(2000年)から本格的に始まった九州大学での英語教育改革にあります。この年、1年生前期のクラスですべての学部の学生が使用する共通教科書『A Passage to English: 大学生のための基礎的英語学習情報』(初版、九州大学出版会)が初めて出版されました。九大に入学したばかりの1年生に、大学での英語学習の指針を与えることが目的でした。この教科書はその後改訂を重ね、第2版(平成13年=2001年)、第3版(平成15年=2003年)、第4版(平成18年=2006年)、第5版(平成19年=2007年)と姿を変えて行きました。この英語表現ハンドブックにつながることになる語彙力増強のための資料を本格的に掲載したのは、この教科書の初版から第3版においてでした。その後、諸般の事情からこの共通教科書の簡素化を図ったために、第4版と第5版では当該の語彙習得用の資料は割愛され、ウェブ上に掲載されることになりました。それ以来そのような状況が続いたものの、平成26年度から新たに導入される「基幹教育カリキュラム」での英語科目の実施に当たり、「基幹教育」の趣旨に沿った形での自学自習教材として1年次に最低限習得すべき語彙・表現の指針を与える書物を作成することが望ましいという判断から、本書が編まれることとなりました。特に本書の第Ⅰ, Ⅱ部では、『A Passage to English』(第3版)の第10章から16章の語彙・表現資料を改訂増補して、九大1年次の基幹教育履修時に最低限習得すべきものを選定しました。第Ⅲ部の場面別表現集では、『A Passage to English』から採用したものに加えて、書き下ろしのものや、九大の言語文化研究院が編集に携わった『大学生の外国語プレゼンテーション入門』(井上奈良彦ほか著、朝日出版社)から採用した例もあります。

　本書は、平成24年度および平成25年度の九州大学「教育の質向上支援プログラム(EEP)」から助成を受けることにより、作成する

ことができました。このプログラムの選定に当たり、ヒアリングの場で有用なご助言をいただきました九州大学高等教育機構教育改革企画支援室の皆様に、お礼を申し上げます。

尚、本書の企画の段階から、研究社編集部の津田正さんには、ひとかたならぬお世話をいただきました。また、ていねいな編集作業を進めてくださった、鈴木美和さん、中川京子さんのエディターシップなしには、本書は完成を見ることはなかったでありましょう。この場を借りて、厚くお礼を申し上げます。

参考 URL

『A Passage to English: 大学生のための基礎的英語学習情報』(第 3 版)の第 10 章から 16 章

第 10 章 「日常生活の語彙」

http://www.flc.kyushu-u.ac.jp/~passage/passage10.html

第 11 章 「抽象語彙」

http://www.flc.kyushu-u.ac.jp/~passage/passage11.html

第 12 章 「語彙の整理箱」

http://www.flc.kyushu-u.ac.jp/~passage/passage12.html

同義語、反意語、接辞、外来語、和製英語など。

第 13 章 「基本動詞を用いた熟語」

http://www.flc.kyushu-u.ac.jp/~passage/passage13.html

第 14 章 「覚えておきたい口語表現」

http://www.flc.kyushu-u.ac.jp/~passage/passage14.html

第 15 章 「名詞的表現」

http://www.flc.kyushu-u.ac.jp/~passage/passage15.html

assist → give assistance to のような英語らしい名詞を使用したパターンを多数掲載。

第 16 章 「学術的教養: 学部別語彙表現」

http://www.flc.kyushu-u.ac.jp/~passage/passage16.html

学部別に基礎的用語を網羅。

九州大学 英語表現ハンドブック編集委員会

監　修
徳見　道夫

編　集
田中　俊也
江口　　巧
大津　隆広
鈴木　右文
Stephen Laker

本書の使い方

　　　　　　　　　　　　　　　　　　　　🔊 I-1-001〜I-1-010 ──①

②──　☐　**admire** /ədmáɪɚ | -máɪə/ …を賞賛する、…に感嘆する
　　　　　　③　　　　　④　　　　　　⑤
⑥──　I **admire** him **for** his talent as a boxer. (私はボクサーとしての彼
　　　の才能に感服している)
　　　　類 義　applaud …に拍手喝采する / appreciate …の価値を認める /
⑦──　respect …に敬意を払う
　　　　名詞形　admiration 賞賛

⑧──　これらの動詞も覚えよう！　**A**
　　　☐abolish …を廃止する　☐absorb …を吸収する; …を理解する　☐abuse
　　　…を乱用する　☐accumulate …を蓄積する　☐administer …を管理する,
　　　運営する; …を執行する; (薬)を投与する　☐adore …にあこがれる　☐as-
　　　sume …と仮定する　☐assure …に(…を)保証する　☐authorize …を公
　　　認する

①音声トラック番号
第Ⅰ部・第Ⅱ部はすべての例文を、第Ⅲ部は完全文になっている例文のみ、音声を収録しました。第Ⅰ部・第Ⅱ部は1見出しにつき1トラックで、奇数ページの右上に見開き2ページ分のトラック番号を表示しています(トラック番号は見出し番号に対応しています)。第Ⅲ部は場面ごとにトラックが分かれていて、音声データのある場面の見出しの右にトラック番号を表示しています。

②見出し番号
第Ⅰ部は品詞ごと、第Ⅱ部は基本動詞ごとの連番です。

③見出し語

④発音記号
『ルミナス英和辞典』(第2版)の発音表記に準拠しました。 ⇨ xi ページ 発音記号表

⑤語義
意味が大きく異なる場合は ① ② で区切ってあります。大学1年生が習得すべきものを選定し、既に知っていると思われる基本的な意味をあえて省略した場合もあります。

⑥例文
見出し語および見出し語と結びついて使われる語(前置詞など)を赤字で示しています。必ずしもすべての語義に対応しているわけではありません。

⑦ **類義語・派生語など**
　特に大学1年生が習得すべきものを選定しました。類義語や派生語が見出し語の特定の語義とだけ関連する場合は①②で対応を示しています。

⑧ **これらの…も覚えよう**
　見出し語として収録したものに加えて、意味を覚えておきたい語をまとめています。

本書で使用している記号

( )	省略可能；意味の補足
[ ]	言い換え可能（英文で2語以上の語と置き換わる場合に限り、どの箇所から置き換わるかを「で示しています。[ ]の中の語句は音声データには収録されていません）
✪	補足説明
⇨	参照箇所（⇨の後の数字は見出し番号を指しています）
類　義	類義語（意味が近い場合は訳語をまとめて示し、大きな区切りを // で示しています）
反　意	反意語
区別しよう	見出し語と形が似ているが意味が異なる語
覚えよう	見出し語と類似の構文をとる語
《英》	イギリス英語
《米》	アメリカ英語
《フォーマル》	公式のスピーチや商用文・学術論文など、改まった場面で用いる語句

音声について

本書の音声データ（MP3）は、研究社ウェブサイト（http://www.kenkyusha.co.jp）から、以下の手順でダウンロードできます。

(1) 研究社ウェブサイトのトップページから「音声ダウンロード」にアクセスし、「音声データダウンロード書籍一覧」から「九大英単」を選んでください。
(2) 開いたページで「ファイルを一括でダウンロード」をクリックすると、ユーザー名とパスワードの入力が求められますので、以下のように入力してください。
　　ユーザー名：guest
　　パスワード：KyudaiEitanDownload

(3) ユーザー名とパスワードが正しく入力されると、ファイルのダウンロードが始まります。ダウンロード完了後、解凍してご利用ください。

［音声ナレーション］
Nadia McKechnie（イギリス人）
Chris Koprowski（アメリカ人）

発音記号表

母音 (vowels)		子音 (consonants)	
記号	例	記号	例
/iː/	east /íːst/	/p/	pen /pén/
/i/	happy /hǽpi/	/b/	big /bíg/
	radio /réɪdiòʊ/	/t/	tea /tíː/
/ɪ/	ink /íŋk/	/d/	day /déɪ/
	pocket /pákɪt ǀ pɔ́k-/	/k/	key /kíː/
/e/	end /énd/	/g/	get /gét/
/æ/	hand /hǽnd/	/f/	face /féɪs/
/æ ǀ ɑː/	ask /ǽsk ǀ ɑ́ːsk/	/v/	very /véri/
/ɑː/	father /fɑ́ːðɚ ǀ -ðə/	/θ/	three /θríː/
/ɑ ǀ ɔ/	top /tɑ́p ǀ tɔ́p/	/ð/	this /ðís/
/ɔː/	all /ɔ́ːl/	/s/	sun /sʌ́n/
/ɔː ǀ ɔ/	cloth /klɔ́ːθ ǀ klɔ́θ/	/z/	zoo /zúː/
/uː/	food /fúːd/	/ʃ/	ship /ʃíp/
/u/	actual /ǽktʃuəl/	/ʒ/	vision /víʒən/
/ʊ/	book /bʊ́k/	/h/	hat /hǽt/
	educate /édʒʊkèɪt/	/ts/	cats /kǽts/
/ʌ/	come /kʌ́m/	/dz/	reads /ríːdz/
/ɚː ǀ əː/	bird /bɚ́ːd ǀ bə́ːd/	/tr/	tree /tríː/
/ə/	around /əráʊnd/	/dr/	dry /dráɪ/
	China /tʃáɪnə/	/tʃ/	cheap /tʃíːp/
	chorus /kɔ́ːrəs/	/dʒ/	joy /dʒɔ́ɪ/
	lemon /lémən/	/m/	man /mǽn/
	element /éləmənt/	/n/	night /náɪt/
	animal /ǽnəm(ə)l/	/ŋ/	sing /síŋ/
/ɚ ǀ ə/	teacher /tíːtʃɚ ǀ -tʃə/	/l/	leaf /líːf/
/eɪ/	eight /éɪt/	/r/	red /réd/
/aɪ/	ice /áɪs/	/j/	yes /jés/
/ɔɪ/	toy /tɔ́ɪ/	/w/	week /wíːk/
/aʊ/	out /áʊt/		
/oʊ/	go /góʊ/		
/juː/	cute /kjúːt/		
/ju/	manual /mǽnjuəl/		
/jʊ/	popular /pápjʊlə ǀ pɔ́pjʊlə/		
/ɪɚ ǀ ɪə/	ear /íɚ ǀ íə/		
/eɚ ǀ eə/	hair /héɚ ǀ héə/		
/ɑɚ ǀ ɑː/	arm /ɑ́ɚm ǀ ɑ́ːm/		
/ɔɚ ǀ ɔː/	store /stɔ́ɚ ǀ stɔ́ː/		
/ʊɚ ǀ ʊə/	tour /túɚ ǀ túə/		
/jʊɚ ǀ jʊə/	pure /pjúɚ ǀ pjúə/		
/aɪɚ ǀ aɪə/	fire /fáɪɚ ǀ fáɪə/		
/aʊɚ ǀ aʊə/	tower /táʊɚ ǀ táʊə/		

アクセント記号
/ ´ /　　第一アクセント
/ ` /　　第二アクセント
examination /ɪgzæ̀mənéɪʃən/

目　　次

はしがき iii
本書について v
本書の使い方 viii
第Ⅰ部　重要基本語彙編 1
　1　動詞 2
　2　形容詞 45
　3　名詞 84
第Ⅱ部　句動詞・フレーズ編 115
　1　break 116
　2　bring 117
　3　come 119
　4　do 121
　5　get 123
　6　give 124
　7　go 126
　8　keep 128
　9　make 130
　10　take 132
第Ⅲ部　場面別の語彙と表現　使って交流しよう 135
　1　キャンパスライフ 136
　2　ソーシャライジング 142
　3　電子メール 145
　4　議論 148
　5　プレゼンテーション 153
　6　学術・科学 156
　7　時事（英字新聞など） 160
索引 162

第Ⅰ部 重要基本語彙編

1 動詞

A

1. accommodate /əkɑ́mədèɪt | əkɔ́m-/ …を収容する、宿泊させる

I [My apartment] can **accommodate** two guests overnight.（私[私のアパート]は2名の客を泊めることができる）

名詞形 accommodation 宿泊施設; 和解、調停: The two countries sought **an accommodation over** their long-standing problems.（その2国は長年の諸問題についての解決を探った）

2. accustom /əkʌ́stəm/ …を慣れさせる

I've finally **become accustomed to** speak**ing** before an audience.（私は観客の前で話すことにようやく慣れた）

The professor will **accustom** him**self to** liv**ing** in London after a few months.（数か月もすれば、教授はロンドンに住むことに慣れるでしょう）

3. acknowledge /əknɑ́lɪdʒ, æk- | -nɔ́l-/ …を(事実だと)認める

I **acknowledge that** I was wrong.（自分が間違っていたことを認めます）

類義 admit …を(しぶしぶ)認める / recognize …を(事実として)認める

名詞形 acknowledg(e)ment 承認

4. adapt /ədǽpt/ …を適応させる、適応する

Please **adapt** this test **to** the needs of your students.（このテストを学生の必要に適合させてください）

She cannot **adapt** (her**self**) **to** the new circumstances.（彼女は新しい環境に適応できない）

区別しよう adopt 採用する、借用する; 養子にする

名詞形 adaptation 適応: His **adaptation to** life in Japan went very smoothly.（彼の日本での生活への適応は、非常に順調に進んだ）

5. adhere /ædhíə, əd- | -híə/ 固執する、忠実に従う
He **adhered to** the plan.（彼はその計画を固守した）
類義 keep to ... / stick to ... …を固守する

6. adjust /ədʒást/ …を調整する
He tried to **adjust** his eyes **to** the bright light.（彼は目を明るい光に合わせようとした）
名詞形 adjustment 調整、適応: Living in a foreign country requires a big **adjustment to** its culture.（外国で生活するには、その国の文化に十分に適応することが必要だ）

7. admire /ədmáiə | -máiə/ …を賞賛する、…に感嘆する
I **admire** him **for** his talent as a boxer.（私はボクサーとしての彼の才能に感服している）
類義 applaud …に拍手喝采する / appreciate …の価値を認める / respect …に敬意を払う
名詞形 admiration 賞賛

8. affiliate /əfílièit/ …を加入させる、提携させる、加入する
In London, you can **affiliate** (your**self**) **to** various clubs. / In London, you can **be affiliated to** [**with**] various clubs.（ロンドンでは、さまざまな社交クラブに加入することができる）
名詞形 affiliation 加入、所属、提携

9. allot /əlɑ́t | əlɔ́t/ …を割り当てる
It was necessary to **allot** ground floor rooms **to** tourists with walking difficulties.（1階の部屋は、歩行が困難な旅行者に割り当てる必要があった）

10. alternate /ɔ́ːltənèit | -tə-/ 交替する、交互に起こる
In autumn, the days **alternate between** being warm **and** cool.（秋には、暖かい日と涼しい日が交互にやってくる）

類義 take turns 交替でする: Let's **take turns** (**at**) cook**ing**. (料理は交替でやりましょう)
名詞形 alternation 交替
形容詞形 alternative 代わりの

11 □ **arouse** /əráʊz/ (感情・反応など)を引き起こす

By refusing to answer questions, criminals can only **arouse** further suspicion. (質問に答えるのを拒んでしまうと、犯人はさらなる疑いを引き起こすだけだ)

12 □ **attach** /ətǽtʃ/ …を付ける

The hook is **attached to** the wall. (留め金が壁に付けられている)
名詞形 attachment 愛着、愛情; 付属品; 添付書類: Dogs often develop a deep **attachment to** their owners. (犬はしばしば飼い主への深い愛情を持つようになる)

13 □ **attribute** /ətríbjuːt/ …の原因が(~に)あるとする

She **attributes** her failure **to** her lazy husband. (彼女は、自分の失敗は怠惰な夫に原因があると考えている)
覚えよう owe …は(~の)おかげである: I **owe** my success **to** my family. (私の成功は家族のおかげである)
名詞形 attribute 属性

これらの動詞も覚えよう！ A

□abolish …を廃止する □absorb …を吸収する; …を理解する □abuse …を乱用する □accumulate …を蓄積する □administer …を管理する、運営する; …を執行する; (薬)を投与する □adore …にあこがれる □assume …と仮定する □assure …に(…を)保証する □authorize …を公認する

B

14 bet /bét/ ①(…に)(金)を賭ける ②…と断言する

I **bet** you a hundred dollars that you're wrong.（君が間違っているほうに 100 ドル賭けるよ）
I **bet** (**that**) he'll come today.（彼はきっと今日来ると思うよ）

15 boast /bóʊst/ 自慢する

You shouldn't **boast of** your success before someone you don't know.（知らない人の前では成功の自慢をしないほうがよい）
類義 brag (about ...)（…を）自慢する // be proud (of ...) / take pride (in ...)（…を）誇りに思う

16 broaden /brɔ́:dn/ …を広げる

Travel can **broaden** one's outlook on the world.（旅行は世界観を広げる）

これらの動詞も覚えよう！ B
□bless …を祝福する　□bore …をうんざりさせる　□bruise …を傷つける

C

17 characterize /kǽrəktəràɪz, -rɪk-/ …を特徴づける

It is quite common for foreigners to **characterize** the Japanese **as** shy.（外国人が日本人を恥ずかしがりやだと特徴づけるのはよくあることだ）
名詞形 characterization 描写

18 classify /klǽsəfàɪ/ …を分類する

We can **classify** these archaeological finds **into** three types.（これらの考古学的な発見を 3 つの型に分類できる）

類義 ▶ categorize / group …を分類する
名詞形 ▶ classification 分類

19 ☐ **cling** /klíŋ/ ① (ぴったりと)くっつく、離れない ② 固執する

Children sometimes **cling to** their mothers when they start school for the first time.（子供は初めて学校に行く時、母親のもとを離れないことが時折ある）

She always **clings to** the hope that her son will return one day.（彼女はいつの日にか息子が帰って来るという希望に、常に固執している）

20 ☐ **compel** /kəmpél/ …に無理に〜させる

It is difficult to **compel** lazy students **to** work.（怠惰な学生に無理に勉強させるのは難しい）

類義 ▶ force …に無理に〜させる
形容詞形 ▶ compulsory 強制の

21 ☐ **compensate** /kámpənsèɪt | kɔ́m-/ 償う、補償する

To **compensate for** working on Sunday, you will be given extra pay.（日曜日に仕事をする代償として、あなたには給与が割増しで支払われる）

類義 ▶ make up for ... …を埋め合わせる
名詞形 ▶ compensation 補償

22 ☐ **comply** /kəmpláɪ/ 応じる、従う

Restaurants can be closed down if they fail to **comply with** the safety regulations.（レストランは安全規則に従えない場合は、営業中止になりうる）

名詞形 ▶ compliance （命令・要求に）従うこと、（法令）遵守、コンプライアンス

23 ☐ **comprise** /kəmpráɪz/ …を包含する、…から成る

The Faculty of Humanities **comprises** 5 departments and 2 research centers.（人文学部は5つの学部と2つの研究所から成って

いる）

類義 consist of ... / be composed of ... / be made up of ... …から成る

24 **conceive** /kənsíːv/ …を心に抱く、想像する、考える

I **conceived that** some difficulties might occur.（面倒なことが起こるかもしれないと考えた）

Try to **conceive of** a situation in which thousands of people have to live in tents.（多くの人々がテントで生活をしなくてはならない状況を思い描いてみてください）

名詞形 conception 概念；着想

形容詞形 conceivable 想像できる、考えられる: Tony had never seen a total eclipse of the sun before; it was barely **conceivable** to him.（トニーは以前に皆既日食を見たことがなかった。それは彼にはほとんど想像もつかないものであった）

25 **concentrate** /káns(ə)ntrèɪt, -sen- | kɔ́n-/ 集中する

He tried to **concentrate on** his work even though it was noisy outside.（外は騒々しかったが、彼は自分の仕事に集中しようとした）

名詞形 concentration 集中；濃度: Einstein's powers of **concentration** were phenomenal.（アインシュタインの集中力は驚くべきものであった）

26 **condemn** /kəndém/ …を(厳しく)非難する、責める

The politician was **condemned for** questioning party policy.（その政治家は党の政策に疑義を差しはさんだために、非難された）

名詞形 condemnation (厳しい)非難、糾弾: The United Nations issued a **condemnation** of war crimes in Kosovo.（国連は、コソボでの戦争犯罪へ非難を発表した）

27 **confine** /kənfáɪn/ …を制限する

Please **confine** the opening address **to** five minutes.（開会の辞は5分でお願いします）

類義 limit …を制限する

28 confirm /kənfə́ːm | -fə́ːm/ …の正しいことを確かめる、…を確証する

I can **confirm that** I am a graduate of Wisconsin University; here is the certificate. (私はウィスコンシン大学の卒業生であることを確証できる。これが証明書である)

名詞形 confirmation 確認

29 conflict /kənflíkt/ 矛盾する、相容れない

Their opinions seemed to **conflict with** each other. (彼らの意見は互いに相容れないものだったようだ)

類義 contradict …と矛盾する

30 conform /kənfɔ́ːm | -fɔ́ːm/ ① 従う、順応する ② 一致する、合う

We must **conform to** the customs of the country. (我々はその国の習慣に従わなくてはならない)

Fortunately, the results **conformed to** our expectations. (幸運にも、結果は我々の期待どおりになった)

名詞形 conformity (社会の習慣・決まりに)従うこと; 一致

31 confront /kənfrʌ́nt/ (困難など)に**直面する**、(人)を(〜に)**直面させる**

We **are confronted with** a new problem. (我々は新しい問題に直面している)

類義 face (困難など)に直面する、(人)を(〜に)直面させる

32 confuse /kənfjúːz/ …を(〜と)混同する

I always **confuse** John **with** [**and**] Bill because they look, act and dress the same. (私はいつもジョンとビルを混同する。というのも、彼らは見かけも行動も服装も同じだからである)

名詞形 confusion 混乱

形容詞形 confused 当惑した、混乱した: I am **confused about** when I should meet you: did you say Thursday or Friday? (あ

なたにいつお会いしたらよいのかわかりません。木曜日と金曜日のどちらとおっしゃっていたでしょうか)

33 congratulate /kəngrǽtʃʊlèɪt, -grǽdʒʊ- | -grǽtʃʊ-/ (人)を祝う、(人)に祝いの言葉を述べる

He **congratulated** his sister **on** winning the prize.（彼は妹が賞を取ったことを祝った）

名詞形 congratulation 祝賀

34 consent /kənsént/ 同意する、承諾する

In the UK, parents have to **consent to** their children marrying if they are under the age of 18.（イギリスでは、子供が18歳未満で結婚する場合、親の同意がなくてはならない）

類義 agree（話し合いの上で）同意する / assent（熟慮の末に）同意する

35 contend /kənténd/ ① 争う、戦う ② …と強く主張する

He had to **contend with** many setbacks.（彼は多くの挫折と戦わねばならなかった）

He tried to **contend that** such a policy would not work.（彼はそのような政策はうまくいかないと、強く主張しようとした）

36 contribute /kəntríbjut | -bjuːt/ ① …を寄付する ② 貢献する

Please try to **contribute** as much as possible **to** the disaster fund.（できるだけ災害基金に寄付をしてください）

Let's discuss how we can **contribute to** the recycling campaign.（どうすればリサイクル運動に貢献できるか考えてみましょう）

名詞形 contribution 寄付; 貢献

37 cope /kóʊp/ うまく対処する

I know you are tired, but you must try to **cope** more effectively **with** your responsibilities.（君が疲れていることはわかっているが、自分の責任に対してもっと効率的に対処しなくてはならない）

類義 deal with ... / handle …を処理する

これらの動詞も覚えよう！ C

□calculate …を計算する　□cast …を投じる; …に役を割り当てる　□cherish …を大事にする、慈しむ　□cite …を引用する　□civilize …を文明化する　□clash 衝突する　□collide ぶつかる　□combat …と戦う　□commence …を開始する　□commute 通勤する　□complicate …を複雑にする　□compress …を圧縮する　□conceal …を隠す　□concede …を(仕方なく)認める、譲歩する　□condense …を濃縮する　□confer 相談する; …を授与する　□confide …を打ち明ける　□console …を慰める　□consume …を消費する　□contemplate …を熟考する; …を意図する　□contract …を契約する; (病気)にかかる　□convert …を転換する　□convey …を伝える; …を運搬する　□coordinate …を調和させる　□crush …を粉砕する　□curse …を呪う

D

38 decline /dɪkláɪn/ ①…を(丁寧に)断わる　②衰える

In spite of repeated requests, she **declined to** submit a paper.（繰り返し依頼したが、彼女は論文を提出するのを断わった）

It took the Roman Empire hundreds of years to **decline**.（ローマ帝国が衰退するのに、数百年の時間がかかった）

類義 ① refuse / reject / turn down …を拒絶する

名詞形 ② decline 衰え; 下落: Industrial **decline** has been a recent problem in South Asia.（産業の衰退は、南アジアにおいて近年問題となっている）/ There has been a **decline in** population in many European countries.（ヨーロッパの多くの国々では、人口が減少してきている）

39 dedicate /dédɪkèɪt/ …を捧げる

Mandela **dedicated** his life **to** fighting racism.（マンデラは人種差別との戦いに自分の生涯を捧げた）

名詞形 dedication 献身

40 denounce /dɪnáʊns/ …を(公然と)非難する、告発する

During Stalin's rule over the Soviet Union, citizens were encouraged to **denounce** each other.（スターリンがソビエト連邦を統治していた間、市民は互いに告発するよう促されていた）

名詞形 denunciation 非難

41 deprive /dɪpráɪv/ …から(〜を)奪う

Dictatorships often **deprive** people **of** their liberty.（独裁制はしばしば人々から自由を奪う）

覚えよう rob …から(金品を)奪う: The man **robbed** me **of** my wallet.（その男は私から財布を奪った）

42 designate /dézɪgnèɪt/ …を指定する、任命する

The ruler tried to **designate** his son **as** his successor.（支配者は自分の息子を後継者に任命しようとした）

類義 appoint / nominate …を任命する、指名する
名詞形 designation 任命、指名

43 despise /dɪspáɪz/ …を軽蔑する、嫌がる

He came to **despise** working for that company.（彼はその会社で働くことを嫌がるようになった）

類義 look down on ... …を見下す / scorn …を軽蔑する

44 disapprove /dìsəprúːv/ 難色を示す、賛成しない

I **disapprove of** e-mail; it stops people from communicating in a more meaningful way.（私は電子メールをよしとしない。人々がもっと意味あるやり方で意思の疎通を図ることを妨げるからである）

名詞形 disapproval 不同意、不賛成

45 discriminate /dɪskrímənèɪt/ ① 区別する ② 差別する

If you lose your sense of taste, it becomes impossible to **discriminate「between** good **and** bad food [good **from** bad food].（味覚を失うと、おいしい食べ物とまずい食べ物の区別をする

ことができなくなる)

類義 ① differentiate 区別する / distinguish 識別する / tell ... from ~ …と~を区別する

名詞形 discrimination 差別; 識別(力)

46
□ **dispose** /dɪspóuz/ 処分する、片付ける

Please **dispose of** bottles in the appropriate container. (瓶は適切な入れ物に捨ててください)

名詞形 disposal 処分

これらの動詞も覚えよう！ D

□ **decay** 腐る; 衰退する □ **deceive** …を欺く □ **decorate** …を装飾する □ **defy** …を無視する、…に反抗する; …を拒む □ **deposit** …を預ける □ **desert** …を見捨てる、捨てて逃げる □ **detach** …を分離する □ **detect** …を探知する □ **dictate** …を口述する □ **diminish** …を減らす □ **discharge** …を解放する、退院させる □ **disclose** …を暴露する □ **disguise** …を変装させる; …を隠す □ **dispatch** …を派遣する、急送する □ **displease** …を不機嫌にする □ **dispute** …について論争する; …に論駁する □ **dissolve** …を解消する; …を溶かす □ **distort** …を歪曲する、ゆがめる □ **distress** …を苦しめる □ **divert** …をそらす、転換する、回す □ **dominate** …を支配する □ **drain** …の排水をする、水気を切る □ **drift** 放浪する; 漂う □ **drill** …に穴をあける; …を訓練する; …に繰り返して教え込む □ **droop** 垂れる; 弱る □ **drown** 溺死する □ **dump** …を投棄する

E

47
□ **elaborate** /ɪlǽbərèɪt, əl-/ ① …を苦心して作り上げる ② 詳しく述べる

The professor **elaborated** a new theory. (教授は新しい理論を念入りに作り上げた)

He **elaborated on** the financial issue. (彼は財政問題を詳しく述べた)

名詞形 elaboration 精巧(に仕上げること); 詳述

形容詞形 ① elaborate 手の込んだ: Some people enjoy an **elaborate** breakfast; others have a slice of toast or nothing at all.（手の込んだ朝食を楽しむ人もいれば、トースト1枚で済ませる人や、朝食を取らない人もいる）

48 emerge /ɪmə́ːdʒ | ɪmə́ːdʒ/ ① 出現する　② 明らかになる

He suddenly **emerged from** behind the wardrobe.（彼は突然たんすの陰から現われた）

It began to **emerge that** they had selected the wrong person for the job.（彼らがその仕事にふさわしくない人を選んでしまっていたということが、明らかになり始めた）

名詞形 ① emergence 出現、発生

49 endeavor, 《英》endeavour /ɪndévɚ, en- | -və/ …しようと（真剣に）努力する

I'll **endeavor to** finish everything by tomorrow; but I can't promise anything.（明日までにすべてを終えるように努力するが、何も約束はできない）

名詞形 endeavor 努力、試み

50 enlarge /ɪnláɚdʒ, en- | -láːdʒ/ …を拡大する

It is necessary to **enlarge** the kitchen somehow before the new refrigerator arrives.（新しい冷蔵庫が来るまでに、台所を何とか広くする必要がある）

51 ensure /ɪnʃúɚ, en-, -ʃə́ː | -ʃɔ́ː, -ʃúə/ …を確実にする、保証する

Please **ensure that** dogs are kept on a lead at all times in the shopping mall.（ショッピングモールでは犬は常にリードで繋がれていることを確認してください）

類義 make sure …を確かめる

52 entitle /ɪntáɪtl, en-/ …に資格を与える

British passports **entitle** their holders **to** enter the USA as temporary visitors without a visa.（英国のパスポートは保有者に、

査証なしでアメリカ合衆国を一時的に訪問する資格を与えている）

You **are entitled to** receive the prize.（あなたはその賞を受け取る資格がある）

53 □ **exclude** /ɪksklúːd, eks-/ …を除外する、排除する

I cannot **exclude** the possibility of cancer.（ガンの可能性を除外することができない）

The statement was **excluded from** the document.（その発言は報告書から除外された）

類義 omit …を省略する、除外する / eliminate …を除去する、排除する

名詞形 exclusion 除外、排除

形容詞形 exclusive 排他的な、独占的な

54 □ **experiment** /ɪkspérəmènt, eks-/ **実験する**

It is better to **experiment** than to make ignorant assumptions.（無知な想定を行なうよりも実験したほうがよい）

The scientists **experimented on** animals.（科学者たちは動物実験を行なった）

これらの動詞も覚えよう！ E

□eliminate …を除去する　□embrace …を抱擁する　□enclose …を囲む；…を同封する　□encounter …に遭遇する　□enforce …を施行する　□enroll,《英》enrol 登録する　□envy …をねたむ　□erase …を消去する　□escort …を護衛する　□estimate …を見積もる　□evaluate …を評価する　□evaporate 蒸発する　□evolve 発展する、進化する　□exaggerate …を誇張する　□exceed …を超過する　□excel 優れている　□execute …を実行する；…を処刑する　□exhaust …を消耗させる　□exhibit …を展示する　□expel …を追い出す　□exploit …を活用する；…を(都合よく)利用する、搾取する

F

55 facilitate /fəsíləteɪt/ …を容易にする、促進する

In order to **facilitate** our planning, we would be grateful if you could complete and return the form no later than January 20.（我々の計画をスムーズに進められるよう、書類に記入をして1月20日までにご返却いただけますとありがたく存じます）

56 fascinate /fǽsəneɪt/ …を魅了する

The audience **was fascinated by** her graceful manner of address.（聴衆は彼女の上品な語り口に魅了された）
- 類義 charm …を魅了する / captivate …を魅惑する
- 名詞形 fascination 魅了、魅力
- 形容詞形 fascinating 魅力的な

57 focus /fóʊkəs/ （注意・努力など）を集中させる

More attention should be **focused on** the importance of good pronunciation.（正しく発音することの重要性にもっと注意が向けられるべきである）

58 follow /fάloʊ | fɔ́l-/ …の後に続く

The day starts with an opening address by the director, **followed by** a series of sessions.（その日は所長による開会のあいさつで始まり、その後一連の会合が続きます）
- 類義 succeed …の後に続く
- 反意 precede …に先行する

59 forecast /fɔ́ɚkæst | fɔ́ːkɑːst/ …を予測する、予報する

It is notoriously difficult to **forecast** the weather accurately.（天候を正確に予測することは、よく知られているように難しい）
- 類義 predict …を予言する、予測する
- 名詞形 forecast 予報: weather **forecast**（天気予報）

60 furnish /fɚ́ːnɪʃ | fɚ́ː-/ (家などに)(家具などを)備え付ける、取り付ける

He **furnished** the room **with** two bookshelves.（彼は部屋に2つの本棚を備え付けた）

The new house was beautifully **furnished**.（その新しい家は家具が美しく備え付けられていた）

これらの動詞も覚えよう！ F

- □ **fade** 徐々に消えてなくなる；（色が）あせる　□ **fasten** …を固定する
- □ **flourish** 繁栄する、繁盛する　□ **formulate**（計画・方策など）を編み出す
- □ **frustrate** …を欲求不満にさせる；…を挫折させる

G

61 generalize /dʒén(ə)rəlàɪz/ 一般化する

It is easy to **generalize**, but I want you to be much more specific.（一般化するのは簡単だが、あなたにはもっと具体的に述べていただきたい）

名詞形 generalization 一般化
形容詞形 general 一般的な

62 generate /dʒénərèɪt/ …を生み出す

There has been a hot discussion as to whether nuclear power is the best way of **generating** electricity.（原子力が電気を作り出す最善の方法であるかどうかについて熱い議論が戦わされている）

類義 produce …を生産する / create …を作り出す
名詞形 generation 発生、生成；世代

63 globalize /glóʊbəlàɪz/ …を世界化する、国際化する

What we really need in this **globalized** world is internationally-minded people.（国際化したこの世の中で本当に必要とされるのは、国際的な視野を持った人たちだ）

名詞形 globalization 世界化、国際化
形容詞形 global 全世界の、世界的な

64 **guarantee** /gæ̀rəntíː/ …を保証する

Can you **guarantee that** the work will be finished today?（今日中に仕事が終わると保証できますか）

類義 assure / warrant …を保証する // confirm …を確認する
名詞形 guarantee 保証; 保証書

これらの動詞も覚えよう！ G

□gasp あえぐ; はっと息をのむ　□grumble（ぶつぶつ）不平を言う

H

65 **harass** /həræs, hǽrəs | hǽrəs, həræs/ …を(繰り返し)悩ます

Men who sexually **harass** women should be punished.（女性にセクシャルハラスメントをする男性には罰を与えなければならない）

類義 bother …を悩ます
名詞形 harassment 悩ますこと; sexual **harassment**（セクシャルハラスメント）

66 **heighten** /háɪtn/ …を増す

It is said that not being able to see can **heighten** the sense of hearing.（目が見えないと聴力が増すと言われている）

類義 enhance（能力など）を高める / sharpen（感覚など）を鋭くする

これらの動詞も覚えよう！ H

□hasten …を急がす、急いでする　□haunt …の心に付きまとう; …に出没する　□heal …を治す、治る　□hover 空中に浮く; うろつく; ためらう
□hustle …を急がす、せかす

I

67 identify /aɪdéntəfàɪ/ ① …を(～と)同一とみなす ② …の正体を明らかにする

The biologist **identified** the insect **as** a new species. (その生物学者は、その昆虫を新種であるとみなした)

It will take some time to **identify** the main problems. (主な問題点を特定するのには時間がかかるだろう)

名詞形 ▶ identification 身元確認、識別 / identity 本人であること、正体

68 illustrate /íləstrèɪt, ɪlʌ́streɪt | íləstrèɪt/ …を説明する、例示する

I would like to **illustrate** my point **with** some statistical evidence. (自分の論点を、数値的な証拠を挙げて例証したいと思います)

類義 ▶ demonstrate …を(証拠などで)論証する
名詞形 ▶ illustration 説明、例証

69 imply /ɪmpláɪ/ …を含意する、ほのめかす

I do not wish to **imply that** your theory is completely wrong. (あなたの理論が完全に誤りだと暗に言いたいのではありません)

Try to come out with what you really want to say; don't just **imply** it. (本当に言いたいことを口に出すようにしなさい。ただほのめかすだけではだめです)

類義 ▶ hint / suggest …をほのめかす、それとなく言う
名詞形 ▶ implication 含意、示唆

70 impose /ɪmpóʊz/ (義務・税金など)を課す

Some politicians argue that a higher tax should be **imposed on** cigarettes. (たばこにはもっと高い税金が課されるべきだと主張する政治家がいる)

71 impress /ɪmprés/ …に印象づける、感銘を与える

She **impressed** me **with** her fluent English. (彼女はその流暢な

英語で私に感銘を与えた）

名詞形 ▶ impression 印象、感銘

72 incorporate /ɪnkɔ́ːrpərèɪt | -kɔ́ː-/ …を組み入れる

It is too late to **incorporate** the amendments **into** the initial plan; they will have to be added later.（当初の案にその修正を組み込むには遅すぎる。後で追加されるべきであろう）

名詞形 ▶ incorporation 合併、編入

73 indicate /índɪkèɪt/ …を指し示す

The survey **indicates that** the new policy will not be supported by most people.（その調査は、その新しい政策がほとんどの人々に支持されないだろうということを示している）

名詞形 ▶ indication 指示

74 induce /ɪnd(j)úːs | -djúːs/ ① …に勧めて～させる ② …を引き起こす、誘発する

Ian was proud and stubborn; I could not **induce** him **to** accept the prize.（イアンはプライドがあり頑固であった。彼にその賞を受け取ってもらうよう説得することはできなかった）

類義 ▶ ① convince / persuade …を説得して～させる

75 infect /ɪnfékt/ …に（病気などを）感染させる

If you sneeze over other people, you will **infect** them **with** your cold.（他の人たちに向かってくしゃみをしたら、その人たちに君の風邪をうつしてしまうよ）

名詞形 ▶ infection 感染、伝染

76 inhabit /ɪnhǽbɪt/ （ある場所）に住んでいる

The island **is inhabited by** few people.（その島にはほとんど人が住んでいない）

77 inherit /ɪnhérɪt/ ① …を相続する ② …を（遺伝的に）受け継ぐ

John is due to **inherit** a fortune when his uncle dies.（ジョンは

伯父が亡くなる時に財産を相続することになっている）

Children **inherit** many character traits **from** their parents.（子供たちは親から多くの性格的特性を受け継ぐ）

類義 ① succeed to ...（地位や財産）を受け継ぐ
名詞形 inheritance 相続、継承；遺伝

78 **inspect** /ɪnspékt/ …を検査する

To ensure safety, it is important to **inspect** nuclear plants regularly.（安全を確保するためには、原子力発電所を定期的に検査することが重要だ）

類義 check …を点検する / investigate …を調査する / survey（人口・世論など）を調査する
名詞形 inspection 検査、調査

79 **inspire** /ɪnspáɪɚ | -spáɪə/ …を奮い立たせる、鼓舞する

The speech by the mayor **inspired** many citizens.（市長によるスピーチは多くの市民を鼓舞した）

類義 encourage …を励ます、勇気づける / spur …を激励する / stimulate …を刺激する

80 **install** /ɪnstɔ́ːl/ ① …を取り付ける ②（ソフトウェア）をインストールする

You need to **install** antivirus software on your computer.（君のコンピュータには、アンチウイルスソフトをインストールする必要がある）

名詞形 installation 取り付け；インストール

81 **insure** /ɪnʃúɚ | -ʃúə, -ʃɔ́ː/ …に保険をかける

Be sure to **insure** your car.（必ずあなたの車に保険をかけなさい）

名詞形 insurance 保険

82 **integrate** /íntəɡrèɪt/ ① …を統合する ② 融合する

It is necessary to **integrate** several departments **into** one for financial reasons.（経済的理由により、複数の部門を1つの部門に

統合する必要がある）

The refugees had problems **integrating into** French society.（難民たちは、フランス社会に融合するのに問題があった）

類義 ① combine …を結合する / consolidate …を合併する、統合する / unify …を1つにする / unite …を結合する、合体させる

名詞形 integration 統合; 融合

83 intend /inténd/ ① …を意図する　② …を(～の目的に)向けるつもりである

What do you **intend to** do in New York?（君はニューヨークで何をしようと意図していますか）

The sweets he received **were intended as** a token of appreciation for his help.（彼が受け取ったお菓子は、彼の手助けに対する感謝の印であった）

類義 mean …を意図する; …を(～の用途に)当てる

名詞形 intention 意図

形容詞形 intentional 意図的な、故意の

84 interfere /ìntɚfíɚ | -təfíə/ ① 邪魔をする　② 干渉する

Don't **interfere with** my work.（僕の仕事の邪魔をしないでくれ）
Don't **interfere in** my affairs.（私のことに干渉するな）

類義 ① interrupt …を妨害する

名詞形 interference 妨害; 干渉

85 interpret /intɚ́ːprɪt | -tɚ́ː-/ ① …を解釈する　② 通訳する

The politician **interpreted** the comment **as** an attack on his authority.（その政治家は、その評言を自分の権威への攻撃だと解釈した）

His English was poor, so he had someone to **interpret** for him.（彼の英語はうまくなかった。そこで、彼の英語を誰かに通訳してもらった）

名詞形 interpretation 解釈; 通訳

86 interrupt /ìntərʌ́pt/ …を妨害する

Someone in the audience **interrupted** the speaker **with** an unrelated question.（聴衆のある者が話とは関係のない質問をして、講演者の話をさえぎった）

名詞形 interruption 妨害、中断

87 **intervene** /ìntəvíːn | -tə-/ 介入する

If the Bank of Japan were to **intervene in** the currency markets today, the value of the yen would change.（今日、日本銀行が通貨市場に介入するならば、円の価値は変わるであろう）

名詞形 intervention 介入

88 **intrude** /ɪntrúːd/ 侵害する

Journalists often **intrude on** people's privacy.（ジャーナリストはしばしば人のプライバシーを侵害する）

類義 invade …を侵害する
名詞形 intrusion 侵害

89 **involve** /ɪnválv | -vɔ́lv/ …をかかわらせる、巻き込む

I **was involved in** volunteer activities last weekend.（先週末、私はボランティア活動に参加した）

名詞形 involvement 関与

90 **irritate** /írətèɪt/ …をいらいらさせる

He **was irritated by** the noise from the construction site.（彼は工事現場からの騒音にいらだった）

類義 annoy …をいらだたせる、怒らせる / bother …を悩ます
名詞形 irritation いらだち

91 **issue** /íʃuː | íʃuː, ísjuː/ …を発行する

The library staff will **issue** a new leaflet next week.（図書館の職員は新しいパンフレットを来週発行するでしょう）

類義 publish （書籍など）を出版する、刊行する
名詞形 issue 発行; 刊行物; 問題

これらの動詞も覚えよう！ I

□ illuminate …を照らす; …を明らかにする　□ imitate …を模倣する　□ implore …に嘆願する　□ indulge …を甘やかす; 度を過ごす　□ inflict (打撃など)を与える　□ insert …を挿入する　□ instruct …に指示する; …に教授する

J

92 justify /dʒʌ́stəfàɪ/ …を正当化する

Although he could explain his actions, there was no way he could **justify** them.（彼は自分の行為を説明することはできたが、それを正当化しようがなかった）

名詞形 justification 正当化、正当な理由
形容詞形 justified 正当である

これらの動詞も覚えよう！ J

□ jam …を詰め込む; (場所)をふさぐ

L

93 legislate /lédʒɪslèɪt/ 立法する

The government has **legislated against** political activities by public officials.（政府は公務員の政治的な行動を禁止する法律を制定した）

名詞形 legislation 立法、法律制定

94 link /líŋk/ …を連結する、関連づける

In the 1960's, scientists were able to **link** smoking **and** lung cancer for the first time.（1960年代に科学者たちは初めて、喫煙と肺がんを関連づけることができた）

類義 associate ... (with ~) …を(～と)関連づける

95 long /lɔ́:ŋ | lɔ́ŋ/ 切望する

She was **longing to** see her father again.（彼女は自分の父親に再会することを強く望んでいた）

She is **longing for** her husband's return from abroad.（彼女は、夫の海外からの帰国を待ちこがれている）

類 義 desire《フォーマル》…を望む / want …を望む、欲する

これらの動詞も覚えよう！ L

☐ **lengthen** 長くなる、…を長くする　☐ **lessen** 小さくなる、…を小さくする　☐ **liberalize** …を自由化する

M

96 meddle /médl/ 干渉する

It's always better not to **meddle in** other people's business.（どんな時でも他人の事には口を出さないほうがいい）

97 merge /mə́:dʒ | mə́:dʒ/ 合併する

Our company **merged with** a rival.（我が社はライバル会社と合併した）

名詞形 merger 合併

98 mislead /mìslí:d/ …を誤解させる、惑わす、だます

Some politicians **mislead** their voters.（投票人を惑わす政治家たちがいる）

形容詞形 misleading 紛らわしい

99 modify /mádəfàɪ | mɔ́d-/ …を修正する、変更する

If you **modify** your dissertation in the way I have suggested, I'm sure that it will pass.（私の提言どおりに学位論文を修正すれば、きっと合格しますよ）

類 義 alter …を変える、改める / amend …を修正する、改正する /

revise …を修正する、改訂する
【名詞形】 modification 修正

100 mold, 《英》mould /móuld/ …を形作る、…の形成に影響を与える

Fathers often like to **mold** their sons **in** their own image.（父親はえてして息子を自分自身のイメージにはめたがる）

101 motivate /móutəvèit/ …を動機づける、…にやる気を与える

He is highly **motivated to** study English.（彼は英語を学ぶ意欲が高い）

【名詞形】 motivation 動機づけ ⇨ 名詞98

これらの動詞も覚えよう！ M

□magnify …を拡大する　□mediate 調停する　□memorize …を暗記する　□misunderstand 誤解する　□moan うめく　□mock（まねをして）…をからかう　□monopolize …を独占する　□mount …に乗る、のぼる; …を据え付ける　□mourn 嘆き悲しむ、喪に服する　□mow 刈る　□multiply …に（～を）掛ける; 増える

N

102 narrate /nǽreit, nærέit | nərέit/ …を物語る

Before the invention of writing, people of all cultures loved to **narrate** tales and poetry.（文字によって文書を記録することが考案される以前には、あらゆる文化の人々が話や詩を物語ることを愛した）

【名詞形】 narration 語り
【形容詞形】 narrative 物語の

103 negotiate /nɪgóuʃièit/ 交渉する、（交渉して）…を取り決める

We **negotiated** our salary **with** the personnel manager.（我々は給料をめぐって人事部長と交渉した）

名詞形 negotiation 交渉 ⇨ 名詞 99
形容詞形 negotiable 交渉の余地がある

104 nominate /nάmənèɪt | nɔ́m-/ …を指名する、任命する

I want to **nominate** you **as** the next president of the club.（私は君をクラブの次期部長に指名したい）

名詞形 nomination 指名、任命

105 note /nóʊt/ …に注意する、注目する

It must be **noted that** the author was deeply influenced by the effects of the war.（著者が戦争の結果に大きく影響されたことに注意しなければならない）

形容詞形 noted 有名な

106 notify /nóʊtəfàɪ/ （人）に通知する

We **notified** the police **of** an accident involving several cars.（私たちは数台の車が絡む事故について警察に知らせた）

類義 inform （人）に知らせる

107 nourish /nə́ːrɪʃ | nʌ́r-/ …を養う、…に栄養物を与える

The children were poorly **nourished** as a result of the drought.（干ばつのせいで、子供たちの栄養状態は悪かった）

名詞形 nourishment 栄養物

> これらの動詞も覚えよう！ **N**
> □neglect …を怠る、放置する　□nip …をつねる、はさむ　□nurse …を看病する

O

108 offend /əfénd/ （人）の感情を害する

It is easy to **offend** people **by** making personal remarks.（個人

攻撃は人の感情を害しやすいものだ）

類義 anger …を怒らせる // annoy / irritate …をいらいらさせる、怒らせる

名詞形 offense,《英》offence 侮辱；違反；攻撃

形容詞形 offensive 不快な ⇨ 形容詞 109

109 omit /oʊmít, ə-/ …を省略する、除外する

Please **omit** all references to your work on the examination committee; that should be kept secret.（試験委員会の業務については一切言及をしないこと。それは秘匿されなければならない）

名詞形 omission 省略

110 originate /ərídʒənèɪt/ 源を発する、始まる

The rules for football **originated in** England.（サッカーのルールはイングランドに起源がある）

名詞形 origin 起源

形容詞形 original 元の、独創的な

111 overlook /òʊvəlúk | -və-/ ① …を見落とす ② …を大目に見る ③ …を見渡す

We **overlooked** a serious mistake in the plan.（私たちは計画の中の重大な誤りを見落とした）

It is usually better to **overlook** the odd mistake when listening to a non-native speaker of a language.（一般に、非母語話者が話すのを聞いている時、時折起こる誤りは大目に見たほうがよい）

My hotel room **overlooks** the harbor.（ホテルの部屋から港が一望できる）

これらの動詞も覚えよう！ O

□ obstruct …を妨げる　□ oppress …を圧迫する　□ outlive …より長生きする　□ overflow あふれる　□ overtake …に追いつく、…を追い越す　□ overthrow …を倒す　□ overturn …を転覆させる　□ overwhelm …を圧倒する

P

112 parallel /pǽrəlèl/ …に匹敵する、類似する

The lives of the two film stars almost **parallel** each other.（2人の映画スターの人生は、ほとんどうり二つである）

113 penetrate /pénətrèɪt/ 入り込む、浸透する、貫通する

The computer hacker tried to **penetrate into** the Pentagon's computer system.（そのコンピュータ・ハッカーはペンタゴン（米国防総省）のコンピュータシステムに入り込もうとした）

名詞形 penetration 浸透、貫通

114 perceive /pəsíːv | pə-/ …を知覚する、理解する、…を（〜と）受け取る

We should refrain from actions that are generally **perceived as** threatening.（一般に脅迫とみなされている行為は慎まなければならない）

名詞形 perception 知覚、認識

115 perplex /pəpléks | pə-/ …を困惑させる

Clever students often **perplex** their teachers with difficult questions.（賢い学生は難しい質問で教員を困らせることがよくある）

116 persist /pəsíst, -zíst | pəsíst/ ① あくまで主張する ② 持続する

He **persisted in** learn**ing** the guitar.（彼はギターを習うと言い張った）

Her anxiety **persisted** until she saw him.（彼女の不安は彼に会うまで続いた）

名詞形 persistence 固執; 持続
形容詞形 persistent 固執する、しつこい; 持続する ⇨形容詞117

117 plunge /plʌ́ndʒ/ ① 飛び込む、突進する ② …を（〜の状態に）陥れる

Mike fell off a cliff and **plunged** headfirst **into** the sea.（マイクは崖から落ち、海へ頭から飛び込んだ）

She was **plunged into** grief by her brother's death.（彼女は弟の死によって悲嘆に陥った）

118 □ postpone /poʊs(t)póʊn/ …を延期する

The football match was **postponed** due to heavy rain.（サッカーの試合は、豪雨のために延期された）

類義 ▶ defer《フォーマル》…を延期する / put off …を延期する
名詞形 ▶ postponement 延期

119 □ precede /prɪsíːd/ ① …に先行する　② …に前置きする

The earthquake that **preceded** the tsunami had a magnitude of 9.0.（津波に先行した地震はマグニチュード 9.0 であった）

It is usual to **precede** a party **with** one or two speeches.（パーティーでは1つ2つのスピーチで前置きするのが普通である）

反意 ▶ ① follow …の後に続く
名詞形 ▶ ① precedence 先行、優先 / precedent 先例
形容詞形 ▶ ① preceding 先行する

120 □ predict /prɪdíkt/ …を予言する、予測する

The doctor could not **predict** how long it would take for the drugs to work.（その医師は薬が効くまでどのくらいかかるか予測することができなかった）

名詞形 ▶ prediction 予言、予測
形容詞形 ▶ predictable 予測可能な

121 □ preside /prɪzáɪd/ ① 議長を務める　② 統括する

Who will **preside at** this session?（誰がこの会合の司会をするのですか）

Professor Mack was asked to **preside over** the meeting.（マック教授は会議を統括するよう依頼された）

類義 ▶ ① chair …の議長を務める

122 **presume** /prɪzúːm | -z(j)úːm/ …と推定する

I **presume**, given how luxurious it is, **that** this is a very expensive restaurant.（その豪華さを考えると、ここは大変高価なレストランだと思います）

名詞形 ▶ presumption 推定
形容詞形 ▶ presumptive 推定に基づく

123 **prohibit** /proʊhíbɪt, prə-/（法律などで）…を禁止する、(人)に(〜することを)禁じる

He was **prohibited from** driving.（彼は運転を禁じられていた）

類義 ▶ ban（公的に）…を禁止する / forbid …を禁止する
名詞形 ▶ prohibition 禁止

124 **project** /prədʒékt/ ① …を予測する ② …を投影する ③ …を放り出す、発射する

Research shows that the world population **is projected to** increase slowly over the next ten years.（研究によると、世界の人口は次の10年でゆっくりと増加すると予測されている）

Stars were **projected on(to)** the inside of a planetarium dome.（星がプラネタリウムの内部に映し出された）

Many complicated calculations are required in order to **project** a rocket successfully **toward** a target.（ロケットを目標に向かってうまく発射するには複雑な計算が多数必要とされる）

名詞形 ▶ projection 見積もり; 投影; 突起

125 **prosecute** /prásɪkjùːt | prɔ́s-/ …を起訴する

The tax office **prosecuted** many people **for** unpaid tax.（税務署は多くの人々を税金の未納で起訴した）

名詞形 ▶ prosecution 起訴; 遂行

126 **protest** /prətést/ 抗議する

The residents **protested against** the construction of the airport.（住民たちは空港建設に抗議した）

名詞形 ▶ protest 抗議

これらの動詞も覚えよう！ P

□page（アナウンスをしてもらって）…を呼び出す　□pant あえぐ　□paralyze,《英》paralyse …を麻痺させる　□perish 滅びる、損なわれる　□persecute …を迫害する　□pierce …を突き貫く　□pinch …をつねる　□plead 嘆願する; …と弁解する; …を申し立てる　□pledge …を誓約する　□poke …を突っ込む　□pollute …を汚染する　□preach …を説く　□preclude …を妨げる　□proclaim …を宣言する　□prolong …を長引かせる　□promote …を昇進させる; …を促進する　□provoke …を引き起こす; …を怒らせる　□puzzle …を困らせる

Q

127 quote /kwóʊt/ 引用する

If you **quote** (**from**) other people in your essay, please include a reference to their work.（自分の作文で他の人の引用をするなら、作品への参照を含めてください）

類　義 ▶ cite …を引用する
名詞形 ▶ quotation 引用 ⇨ 名詞 120

R

128 radiate /réɪdièɪt/ ① (熱・光などが)放射する　② 放射状に広がる

Many roads and streets **radiate from** the center of the city.（多くの道路や通りが町の中心から放射状に広がっている）

名詞形 ▶ radiation 放射(線)

129 rebel /rɪbél/ 反逆する、反抗する

Teenagers like to **rebel against** their parents.（十代の若者は親

に反抗したがる）

類義 defy …に反抗する / disobey …に従わない

名詞形 rebellion 反乱、反抗: The Meiji Restoration was a consequence of a successful **rebellion against** the Shogun.（明治維新は将軍への反乱が成功した結果であった）

形容詞形 rebellious 反抗的な

130 recollect /rèkəlékt/ …を(努めて)思い出す

He could dimly **recollect** hav**ing** seen the man before.（彼はその男に以前会ったことをぼんやりと思い出すことができた）

類義 recall …を(努めて)思い出す / remember …を思い出す; …を覚えている / bring [call] ... to mind …を思い出す

名詞形 recollection 思い出すこと; 記憶: His **recollection of** the events of the evening was dimmed by the amount of beer he had consumed.（その夕方の出来事に関する彼の記憶は、大量のビールを飲んだことでおぼろげになった）

131 reduce /rɪd(j)úːs | -djúːs/ ① …を減らす ② …を(よくない状態に)変える

The government is attempting to **reduce** the explosion in health care costs.（政府は医療費の爆発的増加を減らそうとしている）
As a result of the earthquake, the building was **reduced to** rubble.（地震の結果、その建物は瓦礫と化した）

名詞形 ① reduction 減少

132 refine /rɪfáɪn/ ① …を精製する ② …を洗練する

Oil is **refined into** diesel and other fuels.（石油はディーゼル油や他の燃料に精製される）

名詞形 refinement 精製; 洗練

形容詞形 refined 精製した; 洗練された: **Refined** gasoline can be used for cars.（精製ガソリンは自動車に使用可能である）

133 reflect /rɪflékt/ ① (光・熱・音など)を反射する ② よく考える

You must not use a mirror to **reflect** light directly **into** other people's eyes.（他人の目に直接光を反射するように鏡を使ってはいけません）

You should **reflect on** your own virtues and faults.（君は自分自身の長所と短所をよく考えるべきだ）

類義 ② **deliberate on ...** …についてよく考える
名詞形 reflection 反射；熟考

134 ☐ **refrain** /rɪfréɪn/ 差し控える

Please **refrain from** smoking at all times in the station area.（駅周辺区域では終日喫煙を差し控えてください）

135 ☐ **refuse** /rɪfjúːz/ …を拒絶する

The student **refused to** do his homework.（その生徒はどうしても宿題をしようとしなかった）

名詞形 refusal 拒絶

136 ☐ **register** /rédʒɪstɚ | -tə/ 登録する

Foreigners should **register at** the local government office.（外国人は地元の役所で登録すべきである）

類義 enroll 登録する、加入する
名詞形 registration 登録

137 ☐ **rely** /rɪláɪ/ 頼りにする

Thomas can be **relied on**.（トマスは頼りになる）

形容詞形 reliable 頼りになる

138 ☐ **render** /réndɚ | -də/ …を〜にする

The company went bankrupt, so the guarantee was **rendered** invalid.（会社が倒産したので、保証は無効となった）

139 ☐ **reproach** /rɪpróʊtʃ/ …をとがめる

It is easier to **reproach** other people **for** their mistakes than ourselves.（自分自身をとがめるよりも、他人の過ちをとがめるほうが簡単である）

類義 blame …をとがめる / rebuke …を(厳しく)しかる
名詞形 reproach 非難

140 request /rɪkwést/ …に依頼する

A colleague of mine **requested** me **to** write him a reference. (同僚の1人が私に推薦状を書くよう依頼した)

類義 ask …に頼む

141 require /rɪkwáɪɚ | -kwáɪə/ ① …を必要とする ② …に(〜するように)要求する

Good teaching **requires** training. (よい教えをするには訓練が必要だ)

When the train arrived at the first Polish station, all the foreign passengers were **required to** show their passports. (汽車が最初のポーランドの駅に着いた時、外国人の乗客はすべてパスポートを見せるよう求められた)

類義 ② request …に依頼する

名詞形 ① requirement 必要条件: A passing score in the entrance examination is a **requirement for** anyone who wants to study at Kyushu University. (入学試験での合格点が、九州大学で学びたいと思う人なら誰でも必要だ)

142 reside /rɪzáɪd/ ① 居住する ② 属する

Employees should **reside in** the designated areas. (従業員は指定された地区に居住しなくてはならない)

It is a principle of democracy that power should **reside with** the people. (権力が人民のもとにあるというのが民主主義の原理である)

名詞形 ① residence 邸宅、住居 / resident 住民

形容詞形 ① resident 居住している、住み込みの / residential 住宅の、宿泊設備のある

143 resort /rɪzɔ́ɚt | -zɔ́ːt/ (よくない手段に)頼る、訴える

I shall **resort to** heavy drinking if you divorce me. (あなたが私

と離婚するならば、私は深酒に頼ることになるだろう）

144 retreat /rɪtríːt/ 退く

After the nature of the problem was explained to Dr. Michaels, he was able to **retreat from** his original position.（問題の本質がマイクルズ博士に説明された後、彼は従来の立場から身を引くことができた）

類義 draw [pull] back 退く
名詞形 retreat 退却

145 revolve /rɪválv | -vɔ́lv/ （あるものを中心に）動く

The difficulty tended to **revolve around** the border issue.（その境界問題をめぐって困難が生じがちであった）

名詞形 revolution 回転; 革命

146 rotate /róʊteɪt | roʊtéɪt/ ① 回転する、循環する ② 交替する

His plan was to **rotate** between bread and rice.（彼の予定では、パンとご飯を交互にすることになっていた）

名詞形 rotation 回転; 自転; 交替

これらの動詞も覚えよう！ R

□ **reassure** …を安心させる　□ **rebuild**（証拠などから）…を再現する; …を再建する　□ **recite** …を暗唱する　□ **recognize** …を識別する; …を（事実として）認める　□ **reconstruct** …を再建する　□ **regulate** …を規制する　□ **reinforce** …を補強する　□ **rejoice** 喜ぶ　□ **renew** …を新しくする　□ **reorganize** …を再編成する　□ **repay**（金）を返す; …に報いる　□ **resent** …に憤慨する　□ **resign** 辞職する　□ **reunite** 再会する; …を再会させる　□ **revise**（意見など）を修正する; …を改訂する　□ **revive** 生き返る、回復する; …を復活させる　□ **rival** …と競争する、対抗する　□ **ruin** …を台なしにする; …を破滅させる

s

147 shrink /ʃríŋk/ ① 縮む ② 少なくなる

Natural sources of energy will **shrink** in the future.（天然のエネルギー資源は将来減少するだろう）

類　義 ② **decrease** 少なくなる、減少する

148 signify /sígnəfàɪ/ …を意味する、表わす

In the UK, the poppy **signifies** respect for the war dead.（イギリスでは、ケシの花は戦没者への尊敬を表わします）

類　義 **mean** …を意味する / **imply** …を含意する
名詞形 **signification**（語の）意味 / **significance** 意義、重要性
形容詞形 **significant** 重大な、意味のある: Just give me the **significant** details; I don't have the time to hear the whole story.（重要な詳細点だけ説明してください。お話全部を聴くだけの時間がありません）

149 specify /spésəfàɪ/ …を特定する、明確に述べる

He was asked to **specify** the best means of dealing with the problem.（彼はその問題を扱う最もよい手段を明確に述べるよう求められた）

名詞形 **specification** 明記、特定
形容詞形 **specific** 明確な: Don't beat around the bush; give me a **specific** reason.（遠回しに言うのはやめて明確な理由を言ってください）

150 speculate /spékjʊlèɪt/ ① 憶測する ② 投機をする

Engineers were **speculating on** [**about** / **as to**] where on the moon their rocket would land.（技術者たちは自分たちのロケットが月のどこに着陸するだろうかと憶測していた）

I **speculated that** they were FBI officers.（私は彼らが FBI の職員だと見当をつけた）　✪ FBI=Federal Bureau of Investigation 米連邦捜査局

"**Speculate** to accumulate" is an old saying; it means that you have to risk losing money in order to gain more. (「財をなすには投機せよ」というのは古いことわざである。その意味するところは、より多くの金を得るためには金を失う危険を冒さねばならないということだ)

名詞形 speculation 憶測; 投機 ⇨ 名詞 143
形容詞形 speculative 憶測的な、思いつきの; 投機的な

151 spur /spə́ː | spə́ː/ ① …に拍車をかける、…を促進する ② …を激励する

The newspaper article **spurred** a movement to release the prisoner. (その新聞記事は囚人を解放する動きに拍車をかけた)

152 stack /stǽk/ …を積み重ねる

He **stacked up** a couple of books on the desk. (彼は本を数冊机の上に積み重ねた)

類義 heap [pile] (up) …を積み重ねる

153 stem /stém/ 生じる

All kinds of problems can **stem from** a bad diet. (あらゆる種類の問題が悪い食生活から生じうる)

類義 derive from ... …に由来する

154 stimulate /stímjulèit/ …を刺激する

The thought of a good bonus **stimulated** employees **to** work harder. (よいボーナスが出ると考えると、社員たちは刺激されてより一生懸命働くようになった)

類義 encourage ... to do …を励まして〜させる
名詞形 stimulation 刺激すること / stimulus 刺激

155 strive /stráiv/ 懸命に努める

Don't give up; **strive to** be successful. (諦めてはいけません。うまくいくよう懸命に努力しなさい)

類義 make an effort (to do) (…するために)努力する

156 subject /səbdʒékt/ ① …を服従させる ② …に(いやなことを)受けさせる

It is a severe punishment to **subject** a man **to** life imprisonment.（人を終身刑に処すことは厳しい刑罰である）

157 submit /səbmít/ ① …を提出する ② 服従する

All the students in class must **submit** a report **to** me by the end of this month.（クラスの学生全員が今月末までに私にレポートを提出しなければならない）

You must **submit to** my authority.（君は私の権威に服さねばならない）

名詞形 submission 提出; 服従

158 substitute /sʌ́bstət(j)ùːt | -tjùːt/ (〜の)代わりに…を使う

Let's **substitute** a simpler example **for** this complicated one.（この複雑な例をもっと簡単な例に替えよう）

類 義 replace ... with 〜 …を〜と取り替える

名詞形 substitution 代用、置換: The **substitution of** nuclear energy **by** [**with**] other sources is becoming more and more urgent.（核エネルギーを他のエネルギー源で代用することが、ますます緊急に必要になりつつある）

159 subtract /səbtrǽkt/ …を引く、控除する

I **subtracted** 2 points **from** his essay because he handed it in late.（彼はエッセイを遅れて提出したので、2点減点した）

名詞形 subtraction 引くこと、引き算

160 succeed /səksíːd/ ① 成功する ② 継承する、…の後に続く

To **succeed in** fixing the signaling problem, JR workers have had to work many extra hours.（信号の故障をうまく解決するために、JRの社員たちは長時間の残業をせねばならなかった）

Elizabeth II **succeeded to** the throne on 6 February 1952.（エリザベス2世は1952年2月6日に王位を継承した）

名詞形 ① success 成功
② succession 継承; 連続
形容詞形 ① successful 成功した
② successive 連続する

161 sue /súː | s(j)úː/ …を告訴する

Mr. Noda **sued** the weekly magazine **for** libel [defamation of character].（野田氏はその週刊誌を名誉毀損で訴えた）

類義 take ... to court …を訴える

162 supplement /sʌ́pləmènt/ …を補う

I suggest that you **supplement** your diet **with** iron.（鉄分で君の食事を補ったほうがいいですよ）

名詞形 supplement 補足、補遺
形容詞形 supplementary 補足の

163 surrender /səréndɚ | -də/ ① 降伏する、降参する　② …を（要求や強要により）引き渡す

Germany **surrendered to** the Allied Nations in May 1945.（ドイツは1945年5月に連合国に降伏した）

The criminals **surrendered** themselves **to** the police.（犯人たちは警察に自首した）

類義 ①「give in [submit / yield] to ... …に降参する、屈服する
名詞形 surrender 降伏; 引き渡し

164 sympathize /símpəθàɪz/ 同情する

I cannot **sympathize with** those who persistently break the law.（私は繰り返し法を破る者に同情はできない）

名詞形 sympathy 同情: He felt **sympathy for** the family after their bereavement.（彼は愛する者に先立たれたその家族に同情を感じた）

形容詞形 sympathetic　同情的な: You should have been more **sympathetic to** [**toward**] those earthquake victims.（君は地震の被災者たちにもっと思いやりがあってしかるべきだった）

> **これらの動詞も覚えよう！ S**
>
> □scan 見る、調べる　□scare …を脅かす　□scorn …を軽蔑する　□smash …を(粉々に)打ち壊す；…を撃破する　□smear …を汚す；…の名声を傷つける　□soar 舞い上がる；暴騰する　□stab …を突き刺す　□subdue …を征服する、鎮圧する　□summon (人)を呼び出す；…を呼び起こす、奮い起こす　□supervise …を監督する、指導する　□suppress …を抑圧する；…を押し隠す　□surpass …をしのぐ　□sustain …を維持する　□symbolize …を象徴する

T

165 tempt /tém(p)t/ …をそそのかして～させる、…を誘う

The fresh air **tempted** us **to** go for a walk.（新鮮な空気に誘われて、我々は散歩に出かけた）

名詞形 ▶ temptation 誘惑

166 testify /téstəfàɪ/ 証言をする、証明する

Until recently, a wife was unable to **testify against** her husband in the U.S.（最近まで、アメリカでは妻は夫に不利な証言をすることができなかった）　✪有利な証言の場合には against の代わりに for を用いる。

Her brilliant performance **testifies to** her talent.（見事な動きが彼女の才能を証明している）

167 transfer /trænsfə́ː | -fɑ́ː/ ① …を移す、転任させる　② 乗り換える

My son was **transferred to** a new office this April.（この4月に息子は新しい職場へ転任した）

Please **transfer from** a train **to** a bus at Gakkentoshi Station.（学研都市駅で電車からバスに乗り換えてください）

168 transport /trænspɔ́ːt | -pɔ́ːt/ ① …を輸送する　② …を夢中にさせる

It takes less time to **transport** mail by air.（飛行機で郵便を運ぶほうが時間はかからない）

As she read his love-letter, she was **transported with** joy.（彼のラブレターを読んで、彼女はうれしくて夢中になった）

名詞形 ① transportation 輸送（機関）

169 trespass /tréspæs, -pəs | -pəs/ 侵入する、侵害する

Don't **trespass on** my land in future!（今後、私の土地に侵入しないでください）

Please don't **trespass on [upon]** my territory; leave those questions to me.（私の領域を侵害しないでください。それらの問題は私に任せてください）

Nobody should **trespass on [upon]** another person's privacy.（何人も人のプライバシーを侵害すべきではない）

類義 intrude on [upon] ... …に侵入する、…を侵害する

170 triumph /tráɪəmf/ 勝ち誇る、打ち負かす

To swim again, after the accident, was to **triumph over** adversity.（事故の後、再び泳ぐことは逆境に打ち勝つことであった）

形容詞形 triumphant 勝ち誇った

これらの動詞も覚えよう！ T

□**tame** …を飼いならす　□**tender** …を提出する　□**tense** 緊張する、…を緊張させる　□**terminate** 終わる、…を終わらせる　□**terrify** …をおびえさせる　□**thrive** 栄える; すくすく育つ　□**torture** …を苦しめる、拷問にかける　□**transform** …を変形させる　□**treasure** …を秘蔵する、大切にする

U

171 undertake /ʌ̀ndətéɪk | -də-/ ① …を引き受ける ② …に着手する

She **undertook** the responsibility of raising the little child as her own.（彼女はその小さい子供を自分の子供として育てる責任を引き受けた）

One of the duties of international society is to **undertake to** settle disputes between nations.（国際社会の責務の1つは国家間の紛争の解決にあたることである）

172 unite /juːnáɪt/ …を結合する

Some local banks were **united with** this major bank.（いくつかの地方銀行がこの大手銀行に合併された）

173 urge /ə́ːdʒ | ə́ːdʒ/ ① …に強く勧める ② …を強く主張する

He **urged** me **to** retire early.（彼は私に早期退職するよう勧めた）
The report **urged that** child abuse (should) be stopped.（その報告は児童虐待はやめるべきだと強く主張した）

これらの動詞も覚えよう！　U

□**undergo**（辛いことなど）を経験する　□**underlie** …の基礎となる　□**undo** …をほどく；…を元に戻す　□**unify** …を1つにする　□**uphold** …を支持する、擁護する　□**upset** …をひっくり返す；…をうろたえさせる　□**utilize** …を利用する　□**utter**（言葉）を発する

V

174 value /vǽljuː/ ① …を評価する、見積もる ② …を尊重する

The real estate agent **valued** the house **at** $75,000.（不動産屋はその家屋を7万5千ドルと見積もった）

175 vary /vé(ə)ri/ ①（それぞれに）異なる、変わる ②…を変える

Manners **vary from** culture **to** culture.（礼儀作法は文化により異なる）

The professor **varied** his style of speech according to the audience.（教授は聴衆に応じて話し方を変えた）

名詞形 variation 変化 ⇨ 名詞 154
形容詞形 variable 変わりやすい

176 volunteer /vὰləntíɚ | vɔ̀ləntíə/ …を買って出る、自発的にする

He **volunteered** (his) assistance for the exhibition.（彼はその展覧会の援助を買って出た）

He **volunteered to** care for the elderly person.（彼はお年寄りの介護を自発的に申し出た）

これらの動詞も覚えよう！ V

□vanish 消滅する　□veil …を覆う、隠す　□verify …を確かめる、検証する　□vote 投票する

W

177 warn /wɔ́ɚn | wɔ́ːn/ …に警告する、注意する

The seismologists have **warned** us **of** the danger of big earthquakes.（地震学者は我々に大地震の危険を警告してきた）

He **warned** his daughter **to** be more careful.（彼は娘にもっと慎重になるよう注意した）

The boss **warned** him **that** he might be dismissed next month.（上司は彼に来月解雇されるかもしれないと警告した）

178 withhold /wɪθhóʊld, wɪð-/ …を保留する、与えずにおく

It is a serious matter to **withhold** information **from** the tax authorities.（税務当局に情報を開示しないのは重大な問題である）

179 wonder /wʌ́ndɚ | -də/ (…について)思案する、…かしらと思う

I'm **wondering about** telling her the truth.（彼女に本当のことを言おうかどうしようかと思っている）

I **wonder what** I should tell him.（彼に何と言えばよいのだろう）

これらの動詞も覚えよう！ W

□ **wander** 歩き回る、ふらつく　□ **weigh** …の重さを量る; …の重さがある　□ **withdraw**（預金など）を引き出す;（発言など）を撤回する　□ **withstand** …に抵抗する　□ **witness** …を目撃する

Y

180 yield /jíːld/ ① …を産する　②（圧力などに）屈する

Hard work will **yield** good results.（一生懸命に働けば、よい結果が生まれるだろう）

Some young politicians finally **yielded to** political pressure.（若い政治家たちの中には、ついに政治的圧力に屈してしまったものがいた）

2 形容詞

A

1. abrupt /əbrʌ́pt/ 不意の、急な
The meeting came to an **abrupt** end.（会議は急に終わった）
類義 sudden 突然の / unexpected 思いがけない、予期しない

2. absolute /ǽbsəlùːt, æ̀bsəlúːt/ 絶対的な
The British Monarchy used to have **absolute** power; now it has very little.（英国王制は、以前は絶対的な権力を持っていたが、現在、その権力はほとんどない）
反意 relative 相対的な

3. abstract /æ̀bstrǽkt | ǽbstrækt/ 抽象的な
His problem is that he argues in an **abstract** way, never giving practical examples.（彼の問題点は、実例を挙げずに抽象的に議論することだ）
反意 concrete 具体的な

4. accurate /ǽkjʊrət/ 正確な
That map of the USA is not **accurate**; it is misleading.（そのアメリカの地図は正確ではなく、紛らわしい）
類義 correct / right 正しい // exact 正確な // precise 精密な
名詞形 accuracy 正確さ

5. acid /ǽsɪd/ ① 辛辣な ② 酸性の
In telling her that she was ill-educated, he made an **acid** remark.（よい教育を受けていないと言って、彼は彼女に対して辛辣な発言をした）
反意 ② alkaline アルカリ性の
名詞形 acidity 辛辣さ; 酸味

6. ambiguous /æmbíɡjuəs/ （2つ以上の意味があり）あいまいな

It could mean this; it could mean that; it is entirely **ambiguous**. （こういう意味も、ああいう意味も持ちうる。それは全くあいまいである）

類義 obscure （意味などが）はっきりしない / vague （意味などが）漠然とした

名詞形 ambiguity あいまいさ

7. appropriate /əpróupriət/ 適切な、ふさわしい

Jeans are OK for casual wear, but they are not **appropriate for** the office. （ジーンズは普段着としてはよいが、仕事場ではふさわしくない）

類義 proper 適切な、ふさわしい / suitable 適した / adequate 十分な

反意 inappropriate 不適切な

8. apt /ǽpt/ …しがちで

Jim is **apt to** drink too much beer at weekends. （ジムは週末にはビールを飲み過ぎる傾向がある）

類義 inclined [liable] (to do) （好ましくないことを）しがちで / likely (to do) （可能性として）…しそうで

9. available /əvéɪləbl/ （もの・場所・情報などが）入手できる、利用できる

Coffee is **available** but we do not sell tea. （コーヒーはありますが、お茶は売っていません）

This service is **available to** the public. （このサービスは一般の人が利用できる）

名詞形 availability 利用可能性

これらの形容詞も覚えよう！ A

□absurd 不合理な、ばかげた　□abundant 豊富な、十分な　□acceptable 受け入れられる　□acute 鋭い　□aggressive 攻撃的な　□alert 油断のない　□ambitious 野心的な　□annual 年1回の　□approximate およその　□arbitrary 恣意的な　□assured 確信して　□authentic 本物の; 正確な　□awkward ぎこちない、ぶざまな; やっかいな

B

10 bent /bént/ 決心した

I tried to persuade him against going to Alaska, but he was **bent on** mak**ing** the trip. （私は彼にアラスカに行かないよう説得しようとしたが、彼は行こうと心に決めていた）

11 brilliant /bríljənt/ 輝かしい、優秀な

Alfred Brendel is a **brilliant** pianist; no one plays Beethoven better. （アルフレッド・ブレンデルは有能なピアニストである。ベートーベンの楽曲を彼以上にうまく演奏するものはいない）

これらの形容詞も覚えよう！ B

□bald 頭が禿げた　□barbarous 未開の、野蛮な　□blank 白紙の、空白の　□blunt ぶしつけな　□brisk きびきびした　□brutal 残忍な

C

12 commemorative /kəmém(ə)rətɪv, -mərèɪt-/ 記念の

In London, there is a **commemorative** statue to help people to remember the First World War. （ロンドンには、人々に第一次世界大戦を思い出させてくれる記念像がある）

動詞形 commemorate …を記念する

名詞形 commemoration 記念(式)

13 commonplace /kámənplèɪs | kɔ́m-/ ありふれた

He thought that he had said something unusual but his opinion was **commonplace**.（彼は、変わったことを言ったと思ったが、彼の意見はありふれたものであった）

類義 ordinary 普通の

14 comparable /kámp(ə)rəbl, kəmpǽrə- | kɔ́mp(ə)rə-, kəmpǽrə-/ 匹敵する、類似の

Prices in Tokyo and London are now **comparable**; they are both expensive cities.（東京とロンドンの物価は今は似たようなものだ。双方ともにお金がかかる都市である）

This car is **comparable to** that one in terms of speed but not in price.（この車はあの車とスピードの点では変わりがないが、価格では異なる）

15 comparative /kəmpǽrətɪv/ 比較の

Professor Walker studies **comparative** linguistics; he is particularly interested in the similarities and differences between English and Sanskrit.（ウォーカー教授は比較言語学を研究している。彼は英語とサンスクリット語の間の類似点と相違点に特に興味を持っている）

動詞形 compare …を比較する
名詞形 comparison 比較

16 comprehensive /kàmprəhénsɪv | kɔ̀m-/ 包括的な

Please take time over your report; I want it to be as broad and **comprehensive** as possible.（レポートに時間をかけてください。私はできるだけ広範で包括的なものにしてほしいと思います）

区別しよう comprehensible 理解できる、わかりやすい

17 confident /kánfədənt, -dnt | kɔ́n-/ ① 自信を持った ② 確信して

Lucy is sure that she can pass her driving test; she is **confident about** everything she does.（ルーシーは運転免許試験に合格できると確信している。彼女は自分がやることすべてに自信を持っている）

名詞形 ▶ confidence 自信；確信

18 **confidential** /kànfədénʃəl | kɔ̀n-/ (文書などが)秘密の、内々の

This document shouldn't be shown to anyone else. Please write '**confidential**' at the top.（この書類は他の誰にも見せるべきではない。一番上に「極秘」と記してください）

19 **conscientious** /kànʃiénʃəs | kɔ̀n-/ 良心的な

If you are **conscientious** and prepared to work hard for long hours, we will pay you well.（あなたが良心的で、長時間一生懸命働く覚悟があるならば、十分なお金を支払います）

名詞形 ▶ conscience 良心

20 **conscious** /kánʃəs | kɔ́n-/ 意識している

John was aware that he was annoying Samantha; usually, he was not **conscious of** these things.（ジョンはサマンサを困らせていることに気づいていたが、たいていの場合、そうしたことを意識していなかった）

類 義 ▶ aware 気づいている
名詞形 ▶ consciousness 意識

21 **consecutive** /kənsékjʊtɪv/ 連続的な

The pages of your report should be **consecutive**.（レポートのページは連番にしておくべきです）

During our stay in Izu, the rain fell for three **consecutive** days.（伊豆に滞在中、雨が3日間連続して降り続いた）

22 **conservative** /kənsə́ːvətɪv | -sə́ː-/ ① 保守的な ②(見積もりなどが)控えめの

Martin never takes risks; he is highly **conservative**.（マーティンは決して危険な賭けをすることはない。彼はとても保守的である）
In Japan, car accidents are the fifth leading cause of death, even by **conservative** figures.（日本において、自動車事故は、控えめに見積もっても上から5番目の死因である）

23 **considerable** /kənsídərəbl, -drə-/ かなりの

His salary is not small; it's a **considerable** amount.（彼の給料は少なくはない。かなりの額である）

24 **considerate** /kənsídərət, -drət/ 思いやりのある

"Try to be more **considerate of** [to] others," she said. "You're always coming home late and making lots of noise."（「他人をもっと思いやる努力をしてください。あなたはいつも遅く帰宅して物音ばかりたてているのですから」と彼女は言った）

動詞形 ▶ consider よく考える、考慮する
名詞形 ▶ consideration 考慮、配慮

25 **consistent** /kənsístənt/ 首尾一貫した、矛盾がない

One day he wanted to marry her and another day he didn't; his feelings weren't **consistent**.（ある日彼は彼女と結婚したい気分だったが、別の日にはそうではなかった。彼の感情は一貫していなかった）

名詞形 ▶ consistency 一貫性 ⇨ 名詞22

26 **conspicuous** /kənspíkjuəs/ 人目を引く

Jonathan wore a pink neck-tie, which was very **conspicuous**.（ジョナサンはピンク色のネクタイを着けていて、それはとても人目を引いていた）

27 **convinced** /kənvínst/ 確信している

I am **convinced that** you will pass the examination.（私はあなたが試験に合格すると確信している）

区別しよう ▶ convincing 説得力のある

28 corresponding /kɔ̀:rəspándɪŋ | kɔ̀rəspɔ́nd-/ 対応する、類似の

There are **corresponding** features between Tokyo and New York: both, for example, are large, exciting cities.（東京とニューヨークには類似の特徴がある。例えば、双方ともに大都会で刺激的な都市である）

29 corrupt /kərʌ́pt/ 堕落した、腐敗した

There are many **corrupt** politicians, especially those susceptible to bribery.（堕落した政治家、特に収賄罪に陥りやすい政治家がたくさんいる）

動詞形 ▶ corrupt …を堕落させる
名詞形 ▶ corruption 堕落、腐敗

30 courageous /kəréɪdʒəs/ 勇敢な

The employee was **courageous** in criticizing his section head; he risked being dismissed.（その従業員は勇敢にも課長を非難した。彼は解雇される危険を冒したのだ）

名詞形 ▶ courage 勇気、勇敢さ

31 crucial /krúːʃəl/ 決定的な、重大な

The blood stain was the **crucial** evidence needed to convict the murderer.（その血痕は、その殺人犯を有罪にするのに必要な決定的な証拠であった）

これらの形容詞も覚えよう！ C

☐candid 率直な ☐capricious 気まぐれな、衝動的な ☐cautious 注意深い ☐classic 伝統的な ☐classical 古典主義の ☐clumsy 不器用な ☐coarse 粗い; 粗野な ☐collective 集団的な ☐colonial 植民地の ☐competent 能力のある ☐competitive 競争心の強い; 競争力のある ☐concrete 具体的な ☐conditional 条件付きの ☐constructive 建設的な ☐contemporary 現代の; 同時代の ☐cooperative 協力的な ☐cordial 心からの、友好的な ☐costly 高価な; 犠牲を伴う ☐courteous 丁重な ☐crude 粗野な; 粗雑な; 未加工の ☐curious 好奇心の強い ☐customary 習慣的な ☐cynical 冷笑的な

D

32 deliberate /dɪlíb(ə)rət/ ① 故意の ② 慎重な

His smashing of the window was **deliberate**; it was not an accident.（彼が窓を壊したのは故意であり、事故ではなかった）

He was **deliberate in** making the final decision about the issue.（彼はその問題について最終的な決断を下すのに慎重であった）

動詞形 ▶ deliberate よく考える
名詞形 ▶ deliberation 熟考; 慎重さ

33 devoted /dɪvóʊtɪd/ 献身的な、(…を)大変愛して

Mothers are often **devoted to** their children, giving them all the care and attention they can.（母親とは、できる限り世話をし目をかけて、子供たちをひたむきに愛するものだ）

34 diverse /dɪvɚ́ːs, daɪ- | daɪvɚ́ːs/ さまざまな、多様な

America is a **diverse** society: there are people from lots of countries there.（アメリカは多様な社会である。そこには多くの国から来た人々がいる）

類義 ▶ varied 変化に富んだ / various いろいろな
名詞形 ▶ diversity 多様性

35 dubious /d(j)úːbiəs | djúː-/ ① 疑わしい ② 半信半疑である、疑っている

My mother is **dubious about** what I told her yesterday.（母は私が昨日伝えたことを疑っている）

類義 ▶ doubtful 疑わしい; 疑いを抱いている

これらの形容詞も覚えよう！ D

□decent きちんとした □decisive 決定的な; 決断力のある □defensive 防御の □delightful 喜ばしい □desperate 死に物狂いの;（…しようと）必死で; 絶望的な □diligent 勤勉な □domestic 家庭の; 国内の

E

36 economic /èkənámɪk, ìːk- | -nɔ́m-/ 経済上の

Due to **economic** difficulties, six employees were made redundant.（経済不況のせいで6人の従業員が解雇された）

名詞形 ▶ economy 経済

37 economical /èkənámɪk(ə)l, ìːk- | -nɔ́m-/ 経済的な、節約になる

Buses are more **economical** than trains. They are often much cheaper.（バスは電車よりも経済的だ。バスはしばしば運賃が電車よりもはるかに安い）

名詞形 ▶ economy 節約

38 eligible /élɪdʒəbl/ 資格がある

Mr. and Mrs. James are **eligible for** membership of our society; they can join tomorrow.（ジェームズ夫妻は我々の協会の会員資格があるので、明日入会できます）

39 embarrassed /ɪmbǽrəst, em-/ どぎまぎした、恥ずかしい思いをした、困惑した

Nick felt so **embarrassed** when he came to the party underdressed.（ニックは似つかわしくない服を着てパーティーにやってきた時、とても恥ずかしい気持ちになった）

区別しよう embarrassing（物事が）どぎまぎさせるような、困惑させるような

40 emphatic /ɪmfǽtɪk, em-/ 強調した

The doctor was **emphatic about** the fact that I had to give up smoking.（その医者は、私がたばこをやめなくてはならないという事実を強調した）

41 envious /énviəs/ うらやましそうな

Mary's brother is rich and famous; that's why she's so **envious of** him.（メアリーの兄はお金持ちで有名なので、彼女は彼のことがとてもうらやましい）

類義 jealous 嫉妬している
名詞形 envy ねたみ、うらやみ

42 equivalent /ɪkwívələnt/ 同等の

As of today, one American dollar is **equivalent to** 95 Japanese yen.（今日現在、1アメリカドルは日本円で95円に相当する）

類義 equal 同等の
名詞形 equivalent 同等物: There is no English **equivalent** for the Japanese *wabi sabi*.（日本語の「わび」「さび」に相当する表現は英語にはない）/ equivalence 同等

43 explicit /ɪksplísɪt, eks-/ 明示的な

The teacher's instructions were difficult to follow because they were not clear enough. Instructions should always be as **explicit** as possible.（その先生の指示は十分に明確ではなかったので、従うことが難しかった。指示はいつもできるだけ明示的であるべき

である）

反意 implicit 暗黙の

これらの形容詞も覚えよう！ E

□elastic 弾力性のある　□electronic 電子工学の　□elegant 優美な　□eloquent 雄弁な　□eminent 著名な　□enormous 巨大な　□eternal 永遠の; 果てしない　□ethical 道徳上の; 道徳にかなった　□evident 明白な　□excess 制限外の　□excessive 過度の　□explosive 爆発(性)の; 爆発しそうな、一触即発の　□expressive 表現に富む　□extensive 広い　□external 外部の　□extraordinary 並はずれた

F

44 fiscal /físk(ə)l/ 財政上の

The Japanese government has huge **fiscal** problems because it has been spending so much money to stimulate the economy.（日本政府は、経済を刺激するために多くのお金を使ってきたので、大きな財政問題を抱えている）

fiscal year（会計年度）

類義 financial 財政上の

45 fundamental /fʌndəméntl/ ① 基礎の、基本的な、根本的な ② 必須の、欠くことのできない

There is a **fundamental** difference between the two theories.（その2つの理論には根本的な違いがある）

Learning vocabulary is **fundamental** if you want to speak English well; it is the basis of everything else.（英語を上手に話したいのであれば、語彙の習得は必須である。それは他のすべての基礎である）

類義 ① basic 基礎の、基本的な
② essential 欠かせない、きわめて重要な

> これらの形容詞も覚えよう！ **F**
>
> □faint かすかな　□faithful 忠実な　□fatal 致命的な　□fearful 恐れている　□fearless 恐れを知らない　□feeble 弱い　□female 女性の; メスの　□fertile 肥沃な　□feverish 熱のある; 熱狂的な　□fierce 猛烈な; 獰猛な　□finite 有限の　□fixed 固定した　□flexible 柔軟な　□fluid 流動的な　□forgetful もの忘れをする　□fragile もろい　□frail 弱い　□frank 率直な　□frantic 血迷った　□frequent 頻繁な　□frightful 恐ろしい; 不愉快な　□fruitful 実りの多い　□functional 機能的な　□furious 激怒した; 猛烈な

G

46 generous /dʒén(ə)rəs/ ① 寛大な　② 気前のよい

You should always be **generous** in helping the aged.（お年寄りは積極的に助けてやらなければならない）

類義 ① tolerant 寛容な
名詞形 generosity 寛大; 気前のよさ

47 genuine /dʒénjuɪn/ 本物の

I doubt if this is a **genuine** pearl.（これは本物のパールかどうか疑わしい）

48 graceful /gréɪsf(ə)l/ 優美な、上品な

She stood out among the guests through her **graceful** behavior.（彼女は招待客の中でも、その気品のある物腰によって目立っていた）

類義 elegant 優雅な / refined 洗練された
名詞形 grace 優美

49 gracious /gréɪʃəs/ （目下に対して）優しい

He accepted my apology in a **gracious** way.（彼は私の謝罪を優しく受け入れてくれた）

名詞形 grace 親切

50 grateful /ɡréɪtf(ə)l/ 感謝した

We would be **grateful** if you could send us the latest issue of the journal.（こちらにその雑誌の最新号を送っていただければありがたく存じます）

類義 thankful 感謝した

51 guilty /ɡílti/ ① 罪悪感がある　② 有罪の

The court found him **guilty** even though he had insisted on his innocence.（彼は無罪を主張していたのだが、裁判所は彼が有罪であるとした）

反意 ② innocent 無罪の

これらの形容詞も覚えよう！　G

□ gradual 徐々に進む　□ grammatical 文法（上）の; 文法上正しい
□ grave 重大な; 威厳のある　□ greedy 貪欲な　□ gross 総計の; ひどい

H

52 hardworking /háɚdwə́ːkɪŋ | háːdwə́ːk-/ 勤勉な

Terry was a **hardworking** student, which is why he did so well.（テリーは勤勉な学生であった。だから成績がよかったのだ）

類義 diligent 勤勉な / industrious （性格的に）勤勉な

53 harmful /háɚmf(ə)l | háːm-/ 有害な

Too much alcohol is **harmful to** the health.（アルコールの取り過ぎは健康に害がある）

54 harsh /háɚʃ | háːʃ/ ① 厳しい、むごい　② 粗い

He was sentenced to ten years in prison, but many people thought it was too **harsh**.（彼は10年の禁固刑の判決を下されたが、

多くの人はこの判決は厳しすぎると思った）
類義 ① severe (損害や罰などが)厳しい、ひどい / strict (規則などが)厳格な、厳しい

55 hearty /hάəti | hάː-/ 心からの

The professor was given a **hearty** welcome at the reception.（その教授は歓迎パーティーで心からの歓迎を受けた）
類義 cordial 心からの

56 historic /hɪstɔ́ːrɪk | -tɔ́r-/ 歴史的に重要な

Michizane Sugawara is one of Japan's **historic** figures.（菅原道真は日本で歴史的に有名な人物の1人である）

57 homeless /hóʊmləs/ 家のない

A fierce hurricane hit the area, leaving thousands of people **homeless**.（猛烈な台風がその地域を襲い、何千人もの人たちが家を失った）

58 humble /hʌ́mbl/ つつましい

Japanese people are said to be modest and **humble**.（日本人は控えめでつつましいと言われる）
類義 modest 控えめな / reserved 遠慮がちな
名詞形 humility 謙遜

これらの形容詞も覚えよう！ H

☐ harmonious 調和した　☐ hasty 急いだ　☐ helpless 無力な
☐ homemade 自家製の　☐ honorable,《英》honourable 高潔な; 名誉ある　☐ honorary 名誉上の　☐ horizontal 水平の　☐ horrible 恐ろしい; ひどい　☐ humane 人情のある　☐ humid 湿気の多い

I

59 identical /aɪdéntɪk(ə)l/ 同一の
They were **identical** twins; you really couldn't tell one from the other.（彼らは一卵性双生児で、あなたは実際に2人の区別がつかなかった）

60 ignorant /íɡnərənt/ 無知の
The newly appointed minister was **ignorant of** the change in the law.（新しく任命された大臣はその法律の改正について知らなかった）

名詞形 ignorance 無知

61 illegal /ì(l)líːɡəl/ 違法の
It is **illegal** to drink alcohol under the age of 20 in Japan.（日本では、20歳未満での飲酒は法律違反である）

62 imaginable /ɪmǽdʒ(ə)nəbl/ 想像できる
I tried every **imaginable** method.（私は考えられる方法はすべてやってみた）

類義 conceivable 想像できる

63 imaginary /ɪmǽdʒənèri | -n(ə)ri/ 想像(上)の
A dragon is an **imaginary** animal; such animals don't really exist.（竜は想像上の動物だ。そのような動物は実際には存在しない）

64 immature /ìmət(j)úɚ, -tʃúɚ | -tjúə, -tʃúə, -tʃɔ́ː/ 未熟の
Although he is 25, he behaves like a child; he is so **immature** for his age.（彼は25歳だが、子供のようにふるまう。彼の年齢にしてはあまりにも未熟だ）

類義 childish 子供じみた / infantile 幼稚な

65 immense /ɪméns/ 広大な、莫大な

With an area about forty-five times that of Japan, Russia is an **immense** country.（日本の約45倍の広さをもつロシアは広大な国だ）
類義 extensive 広大な / huge 巨大な、莫大な / vast 広大な、莫大な

66 impatient /ɪmpéɪʃənt/ 我慢できない

I was **impatient with** his rude attitude.（私は彼の無礼な態度に我慢ができなかった）

67 imperative /ɪmpérətɪv/ ① 必須の　② 命令の

Because you are unwell, it is **imperative that** you see a doctor immediately.（あなたは体調が思わしくないので、すぐに医者に診せなければならない）
類義 ① necessary 必要な

68 implicit /ɪmplísɪt/ 暗黙の

What was **implicit** in the message was that he was not welcome to the party.（そのメッセージで暗に示されていたのは、彼にはパーティーに来てほしくないということだった）
反意 explicit 明示的な

69 impulsive /ɪmpʌ́lsɪv/ 衝動的な

An **impulsive** person tends to make hasty decisions.（衝動的な人は早急に物事を決めがちである）

70 incredible /ɪnkrédəbl/ 信じられない、信じがたいほどの

He had an **incredible** amount of money in debt.（彼は信じられないくらい多額の借金をしていた）
類義 unbelievable 信じられない、信じがたいほどの

71 indifferent /ɪndíf(ə)rənt/ 無関心な

He was **indifferent to** the impression people had about him.（彼は人が彼にどのような印象を抱こうが無関心であった）
類義 unconcerned (about ...)（…について）無頓着な

名詞形 ▶ indifference 無関心

72 indispensable /ìndɪspénsəbl/ 絶対必要な

Money is **indispensable** if you are to enjoy life.（人生を楽しもうと思うのなら、お金は不可欠だ）
類 義 ▶ integral 不可欠な

73 inevitable /ɪnévətəbl/ 逃れられない、必然的な

Death was an **inevitable** result for him after years of overwork.（何年も過労が続いた後で、死は彼にとって必然的な結果だった）
類 義 ▶ unavoidable 避けられない

74 inferior /ɪnfí(ə)riə | -riə/ 劣った

Some people believe that Russian cars are **inferior to** Japanese.（ロシア車は日本車に劣ると思っている人がいる）
反 意 ▶ superior 優れている

75 informal /ɪnfɔ́ːm(ə)l | -fɔ́ː-/ 形式ばらない

He never wears a shirt and tie because he likes to wear **informal** clothes.（彼はくだけた服装をするのが好きなので、決してシャツとネクタイを着用しない）
類 義 ▶ casual くだけた

76 innocent /ínəs(ə)nt/ ① 無罪の　② 無邪気な、世間知らずの

He was found **innocent of** the crime.（彼はその罪については潔白であることが判明した）

He was a very **innocent** person and never suspected how mean and vicious men could be.（彼は純真な人物であったので、人がいかに卑劣で悪意を持ちうるかということを決して考えなかった）
名詞形 ▶ innocence 無罪; 無邪気

77 insistent /ɪnsíst(ə)nt/ 言い張ってきかない

He was **insistent on** paying the restaurant bill for all.（彼は全

自分のレストランの代金を支払うと言い張った）

名詞形 insistence こだわり、強い主張 ⇒ 名詞 85

78 intense /ɪnténs/ 強烈な

The heat has been **intense** this summer; I have never known a hotter August.（今年の夏の暑さは強烈だった。私はこれより暑かった8月は記憶にない）

名詞形 intensity 強烈さ

79 intensive /ɪnténsɪv/ 集中的な

Why don't you take an **intensive** English course this summer? You'll learn a lot in a short time.（この夏の英語集中コースを履修しませんか。短期間で学ぶことが多いですよ）

80 interchangeable /ɪ̀ntətʃéɪndʒəbl | -tə-/ 交換可能な

Two synonymous words are not always **interchangeable**.（類義である2つの単語が常に交換可能とは限らない）

81 interdisciplinary /ɪ̀ntɚdísəplɪnèri | -tədísəplɪnəri/ 学際的な

Samantha is studying the environment in an **interdisciplinary** way: she uses methodologies from biology, environmental science, and economics.（サマンサは環境を学際的に研究している。つまり、彼女は生物学、環境科学、経済学からの方法論を用いている）

82 intermediate /ɪ̀ntəmíːdiət | -tə-/ 中級の

This is an **intermediate** course for communication in English.（これは英語によるコミュニケーションの中級コースです）

83 irresponsible /ɪ̀rɪspánsəbl | -spɔ́n-/ 無責任な

Mr. Forbes takes his work seriously whereas Mr. Jones is **irresponsible**.（フォーブズ氏は自分の仕事を真剣に考えるが、他方、ジョーンズ氏は無責任である）

これらの形容詞も覚えよう！ I

□idle 遊んでいる　□immoral 不道徳な　□immortal 不死の　□immune 免疫がある; 免れた　□indignant 憤慨した　□industrial 産業の、工業の　□infinite 無限の　□influential 影響力のある　□ingenious 精巧な; 独創的な　□innumerable 数えきれない　□insane 狂気の　□internal 内部の　□intimate 親密な　□intricate 込み入った　□ironic 皮肉な　□irregular 不規則な

J

84 judicial /dʒuːdíʃəl/ 裁判の、司法の
This is a matter for the courts; it needs a **judicial** review.（これは裁判所がかかわるべき問題だ。裁判所による審理が必要だ）

85 justified /dʒʌ́stəfàɪd/ 正当である
He was fully **justified in** get**ting** angry with his lazy brother.（彼が怠慢な兄に怒るのも全く無理はなかった）

これらの形容詞も覚えよう！ J

□jealous 嫉妬している　□jolly 快活な、陽気な　□joyful 喜ばしい

K

86 keen /kíːn/ 熱心な
Mike is **keen on** skateboarding.（マイクはスケートボードに熱中している）

類義　crazy (about ...)（…に）夢中な / enthusiastic (about ...)（…に）熱狂的な

87 kindhearted /káɪndhɑ́ɚtɪd | -hɑ́ːt-/ 親切な、思いやりのある

When I was in trouble, she sent me a **kindhearted** message offering to help in any way she could.（私が問題を抱えていた時、彼女は心優しいメッセージを送ってきて、自分にできるどんなやり方でも手助けすると申し出てくれた）

L

88 legal /líːg(ə)l/ ① 法律に関する　② 合法の

He has a wide range of **legal** knowledge.（彼は法律に関する幅広い知識を持っている）

Is it **legal** to sell alcohol in the state?（その州では、酒を販売することは法的に許されているのですか）

反意 ② illegal 違法の

89 legitimate /lɪdʒítəmət/ 適法の、正当な

In order to be approved by the government, the non-profit organization underwent a **legitimate** procedure of application.（政府の認可を受けるために、その非営利組織は法にのっとった申請手続きを行なった）

類義 lawful 合法の

90 lengthy /léŋ(k)θi/ 長たらしい

All the employees were exhausted after the **lengthy** meeting.（従業員は皆その長たらしい会議の後で疲れ切っていた）

91 liable /láɪəbl/ 法的責任のある

We are not **liable for** any damage of products.（商品の破損については責任を負いかねます）

類義 responsible 責任を負った

92 literal /lítərəl, -trəl/ 文字どおりの

The **literal** meaning of the expression does not make sense.（そ

の表現は文字どおりには、意味をなさない)

93 literate /lítərət, -trət/ 読み書きのできる、教養のある

Japanese people are highly **literate**; even during the Meiji era a large number of people could read and write. (日本人は非常に教養がある。明治時代でさえ、多くの人が読み書きができた)

名詞形 literacy 読み書き能力

94 loyal /lɔ́ɪəl/ 忠実な

Be **loyal to** your friend whatever problems might arise. (どのような問題が起ころうとも、友人には忠実であれ)

名詞形 loyalty 忠誠 ⇨ 名詞93

これらの形容詞も覚えよう！ L

□lasting 永続する　□lean 脂肪の少ない、やせた　□learned 学問のある　□legendary 伝説上の　□legible 判読できる　□legislative 立法の　□lesser より小さい　□liberal 寛大な; 自由主義の; 物惜しみしない　□lively 元気のよい　□living 生きている　□local その土地の　□logical 論理的な、理にかなった　□lonely 孤独な　□lovely 美しい　□loving 愛情に満ちた　□luxurious ぜいたくな

M

95 merciful /mə́ːsɪf(ə)l | mə́ː-/ ①慈悲深い　②幸いな

The king was **merciful to** the prisoner. (王はその囚人に慈悲深かった)

反　意 ① merciless 無慈悲な

96 miserable /mízərəbl/ みじめな

He felt **miserable** about failing the exam. (試験に失敗して彼はみじめな気持ちだった)

名詞形 misery みじめさ

97 **missing** /mísɪŋ/ 行方不明の

The money is **missing from** the safe.（そのお金は金庫から消えている）

98 **moderate** /mάdərət, -drət | mɔ́d-/ ① 適度の ② 極端に走らない、穏健な

All you need to keep your health is good rest and **moderate** exercise.（健康を維持するために必要なのは、十分な休養と適度な運動です）

99 **modest** /mάdɪst | mɔ́d-/ 謙遜な、控えめな

He was very **modest about** his success in public.（彼は人前で自分の成功についてほとんど自慢しなかった）
類義 humble つつましい、謙虚な
名詞形 modesty 謙遜、控えめ

100 **mortal** /mɔ́ətl | mɔ́:-/ 死を免れない

All animals are **mortal**; they all die.（すべての動物は死を免れない。すべて死ぬ）
反意 immortal 不死の

101 **mutual** /mjú:tʃuəl, -tʃəl/ お互いの

The football manager was released from his contract by **mutual** agreement.（そのサッカーの監督は互いの合意により契約を解除された）

これらの形容詞も覚えよう！ M

□magnificent 壮大な　□male 男性の; オスの　□manifest 明白な　□manual 手で行なう　□marvelous すばらしい　□massive 大きくて重い; 甚だしい　□mature 成熟した　□mean 意地の悪い; けちな　□meaningful 意味のある　□meaningless 意味のない　□medieval 中世の　□medium 中くらいの　□memorial 記念の; 追悼の　□metropolitan 大都市の、首都の　□minus 負の、マイナスの　□mischievous いたずら好きの　□mixed 混ざりあった　□mobile 移動式の　□moist 湿った　□monotonous 単調な　□monstrous とんでもない; 巨大な、怪物のような　□monumental 不朽の; 途方もない　□multiple 多くの部分からなる　□municipal 市[町]の　□muscular 筋肉の

N

102 nervous /nə́ːvəs | nə́ː-/ 神経質な

He is **nervous about** the result.（彼は結果を気にしている）

103 net /nét/ 掛値のない、正味の

A **net** income is smaller than a gross one.（実収入は総収入よりも少ない）

104 neutral /n(j)úːtrəl | njúː-/ 中立の

Switzerland will remain **neutral** in any war.（スイスはいかなる戦争においても中立を保つ）

105 nuclear /n(j)úːkliɚ | njúːkliə/ 原子力の、核の

A growing number of people think **nuclear** power plants should be closed down.（原子力発電所は閉鎖されるべきだと考える人が増えてきている）

106 numb /nʌ́m/ 感覚のない、しびれた

His toes were **numb with** cold.（寒さで彼の足の指はかじかんで

いた）

これらの形容詞も覚えよう！　N

☐ **naive** 世間知らずの　☐ **naked** 裸の; 赤裸々な　☐ **nasty** 嫌な、不快な　☐ **native** 出生地の; 生まれつきの　☐ **naughty** いたずらな、行儀の悪い　☐ **naval** 海軍の　☐ **nearby** すぐ近くの　☐ **neat** きちんとした　☐ **negative** 否定的な; 消極的な; 陰性の　☐ **negligent** 怠慢な　☐ **notable** 目立つ　☐ **noticeable** 目立った　☐ **notorious** 悪名高い　☐ **novel** 目新しい　☐ **numerous** 多数の

O

107　obedient /oʊbíːdiənt, əb-/ 従順な

Children should be **obedient to** their parents.（子供は両親に従うべきである）

名詞形 ▶ obedience 従順

108　obliged /əbláɪdʒd/ 感謝している

I feel much **obliged for** all your help.（いろいろと助けてくださったことに大変感謝しております）

名詞形 ▶ obligation 義務

109　offensive /əfénsɪv/ 嫌な、不快な

The politician's comments were **offensive to** old people.（その政治家のコメントはお年寄りには不快だった）

名詞形 ▶ offense,《英》offence 侮辱; 違反; 攻撃

110　optimistic /ὰptəmístɪk | ɔ̀p-/ 楽観的な

The president is **optimistic about** the future of the American economy.（大統領はアメリカ経済の将来について楽観的だ）

反意 ▶ pessimistic 悲観的な
名詞形 ▶ optimism 楽観

111 orderly /ɔ́ədəli | ɔ́ːdə-/ 整然とした

Documents should be sorted out in an **orderly** fashion.（書類は整然と整理されていなければならない）

反意 disorderly 無秩序の、乱雑な

112 overall /òuvərɔ́ːl | -və(r)ɔ́ːl/ 全体の

The **overall** reaction to the school renovation was positive.（学校の改修に対する全般的な反応は肯定的であった）

113 overseas /òuvərsíːz | -və-/ 海外の

He was transferred to an **overseas** office.（彼は海外の支社に転勤となった）

114 overwhelming /òuvə(h)wélmiŋ | -və-/ 圧倒的な

The Republican Party occupies an **overwhelming** majority in the Congress.（共和党は議会で圧倒的多数を占めている）

これらの形容詞も覚えよう！ O

□ **obscure** はっきりしない; 無名の　□ **obvious** 明白な　□ **occasional** 時折の　□ **odd** 変な; 奇数の　□ **oriental** 東洋の　□ **orthodox** 正統的な　□ **outrageous** 常軌を逸した　□ **outstanding** 目立つ、傑出した; 未払いの　□ **outward** 表面的な; 外向きの　□ **overnight** 夜どおしの; 一泊用の

P

115 parallel /pǽrəlèl/ 平行な

The road runs **parallel to** the river.（その道路は川と平行している）

動詞形 parallel …に匹敵する、類似する ⇨ 動詞112

名詞形 parallel 匹敵するもの; 平行線 / parallelism 平行; 類似

116 passionate /pǽʃ(ə)nət/ ① 情熱的な　② 熱中した、熱心な

He is **passionate about** golf.（彼はゴルフに熱中している）

類義 ② keen 熱心な ⇨ 形容詞 86

117 persistent /pəsístənt, -tnt | pə-/ ① 固執する、しつこい　② 持続する

This child was **persistent in** asking where the baby came from.（この子は赤ちゃんがどこから来たのかしつこく聞いた）

118 pertinent /pə́ːtənənt | pə́ː-/ 直接関係がある、適切な

His remarks were not **pertinent to** the issue.（彼の発言はその問題とは直接関係がなかった）

119 plentiful /pléntɪf(ə)l/ たっぷりある

Fish are **plentiful** in this lake. / This lake is **plentiful in** fish.（この湖には魚がたくさんいる）

120 potential /pəténʃəl/ 可能性のある、潜在的な

There is a **potential** danger involved in going out during a typhoon.（台風の中を外出するのは危険がおよぶ可能性がある）

名詞形 potential 可能性、潜在能力 / potentiality 潜在能力、将来性

121 preferable /préf(ə)rəbl/ 好ましい

Walking is **preferable to** driving.（車で行くより歩くほうがよい）

122 preliminary /prɪlímənèri | -nəri/ 予備の、前置きの

A **preliminary** examination is needed to familiarize the students with the complex system of the CALL test.（学生を CALL の試験の複雑なシステムに慣れさせるため、予備試験が必要とされる）

✪ CALL=computer assisted language learning コンピュータを利用した言語学習

類義 preparatory 準備の

123 prevalent /prév(ə)lənt/ 流行している、広く行き渡っている

Mobile phones are **prevalent among** high school students.（携帯電話は高校生の間で普及している）

124 previous /príːviəs/ 先の、前の

Previous to this, she worked as an accountant.（この仕事の前は、彼女は会計士として働いていた）

類義 earlier 以前の / prior 前の、先の

125 promising /prámɪsɪŋ | prɔ́m-/ 前途有望な、見込みのある

She is one of the most **promising** researchers in the field.（彼女はその分野では最も将来有望な研究者の1人だ）

126 prospective /prəspéktɪv/ 予想される、見込みのある

Prospective buyers are often invited to test-drive a car.（車の購入が見込めそうな客にはしばしば試乗が勧められる）

名詞形 prospect 期待、見込み

これらの形容詞も覚えよう！ P

□partial 部分的な; 不公平な　□passing 通過する; つかの間の、ちょっとした　□passive 受け身の　□perpetual 絶え間のない　□plain 飾りのない; 簡明な　□plural 複数の　□poetic 詩の、詩人の、詩的な　□pointed 先の尖った; 鋭い　□poisonous 有毒の　□portable 携帯用の　□positive 肯定的な; 積極的な; 陽性の　□postal 郵便の　□pregnant 妊娠している　□presidential 大統領の　□primitive 原始的な、遅れた　□productive 生産的な　□profitable もうけになる　□profound 深い、大きな; 深遠な　□progressive 進歩的な　□prominent 傑出した　□prompt 迅速な　□prosperous 繁栄している、裕福な　□protective 保護的な　□psychological 心理学上の; 心理的な

Q

127 qualified /kwάləfàɪd | kwɔ́l-/ 資格のある

John is training to be a nurse, but he is not **qualified** yet.（ジョンは看護師になろうと訓練を積んでいるが、まだ資格がない）

これらの形容詞も覚えよう！ Q

□ quaint 風変わりでおもしろい　□ qualitative 質的な　□ quantitative 量的な　□ queer 風変わりな

R

128 rational /rǽʃ(ə)nəl/ 理性のある、合理的な

It was a **rational** decision to tackle the problem from a different angle.（その問題に異なる角度から取り組むのは、合理的な決断であった）

反意 irrational 非合理的な

129 regretful /rɪgrétf(ə)l/ 悔やんでいる、残念そうな

Steve was **regretful** about crashing his father's car.（スティーヴは父親の車を衝突させたことを悔やんだ）

130 regrettable /rɪgrétəbl/ (事が)悲しむべき、残念な

It is **regrettable** that no one offered help to the man who had fallen from the platform.（駅のホームから転落した男性に誰も手を貸さなかったのは、残念なことだ）

131 related /rɪléɪtɪd/ 関係のある

The point I want to make is a different one, but it is **related to** the previous speaker's remarks.（私が言いたいのは違うことですが、それは前の発言者の言ったこととかかわりがあります）

反意 unrelated 関係のない

132 relative /rélətɪv/ 相対的な

Time is **relative**: sometimes it seems to pass slowly, at other times it flies by.（時間は相対的なものである。時にゆっくりと過ぎ、またある時には飛ぶように過ぎる）

133 relevant /réləv(ə)nt/ （当面の問題に）関連した

You can ask me any question as long as it is **relevant to** this topic.（この話題に関連する限り、どんな質問でもしてよいです）

反意 irrelevant 関連しない

名詞形 relevance, relevancy 関連性

134 reluctant /rɪlʌ́ktənt/ 気が進まない、嫌がる

Tommy was **reluctant to** attend the class.（トミーはその授業に出席するのを嫌がった）

類義 unwilling 気が進まない

135 respectable /rɪspéktəbl/ （世間的に）ちゃんとした、まずまずの

Late-night bars are unwelcome here because this is a **respectable** neighborhood.（深夜営業をするバーはここでは歓迎されない。なぜならば、ここは品のよい土地柄だからだ）

136 respectful /rɪspéktf(ə)l/ 敬意を表する、うやうやしい

Younger people should be **respectful** towards their elders.（年少者は年長者に対し、敬意を払うべきだ）

名詞形 respect 尊敬、敬意

137 respective /rɪspéktɪv/ めいめいの、それぞれの

Both families had problems, but their **respective** problems were quite different.（双方の家に問題があったのだが、両家それぞれの問題は全く異なっていた）

これらの形容詞も覚えよう！ R

□ **racial** 人種的な　□ **radiant** 輝いた　□ **radical** 過激な、革新的な　□ **ragged** ぼろぼろの　□ **random** 手当たり次第の、無作為の　□ **reactionary** 反動的な　□ **rear** 後ろの　□ **reckless** 向こう見ずの　□ **reddish** 赤みがかった　□ **regional** 地域的な　□ **relieved** ほっとした　□ **republican** 共和国の; 共和党の　□ **restless** 落ち着かない; 眠れない　□ **revolutionary** 革命的な　□ **rhythmic(al)** リズム(感)のある　□ **ridiculous** ばかげた、途方もない　□ **righteous** (道義的に)正しい、正義の　□ **rigid** 硬直した; 融通がきかない　□ **romantic** 恋愛の; 空想的な　□ **rosy** バラ色の　□ **royal** 王の; すばらしい　□ **rude** 不作法な; 下品な　□ **rural** 田舎の

S

138 satisfactory /sæ̀tɪsfǽktəri, -tri/ 満足のいく

His work was far from **satisfactory**, so he was dismissed.（彼の仕事ぶりは全く満足のいくものではなかったので、彼は解雇された）

動詞形 ▶ satisfy …を満足させる
名詞形 ▶ satisfaction 満足

139 secure /sɪkjúɚ | -kjúə, -kjɔ́ː/ 安心な、不安のない、安全な

Margaret feels **secure about** her husband's future business.（マーガレットは夫の将来の事業に安心している）

名詞形 ▶ security 安全(性)、安心

140 sensible /sénsəbl/ 思慮のある、分別のある

He was a **sensible** man, spending his money wisely.（彼は思慮深い男で、自分の金を賢く使っていた）

名詞形 ▶ sense 思慮、分別 / sensibility 敏感さ、感性

141 sensitive /sénsətɪv/ ① 敏感な　② 気にしやすい、神経過敏な

I wish you would be more **sensitive to** Mary's delicate feelings.（あなたがメアリーの傷つきやすい感情にもっと敏感であって

くれたらと思う）

Kate is very **sensitive about** the result of her examination.（ケイトは試験の結果をとても気にする）

名詞形 ▶ sensitivity 感受性、敏感さ

142 shallow /ʃǽloʊ/ 浅い、浅はかな

Political analysis is often **shallow** in newspapers; it offers no depth.（新聞では政治情勢の分析がしばしば浅く、その分析では何ら深みが与えられない）

名詞形 ▶ shallowness 浅いこと、浅はかなこと

143 shameful /ʃéɪmf(ə)l/ 恥ずべき

It was **shameful** to rob the old woman of her money.（その老婆から金を奪ったのは恥ずべきことだった）

名詞形 ▶ shame 恥; 遺憾なこと

144 simultaneous /sàɪm(ə)ltéɪniəs | sìm-/ 同時の

The earthquake was nearly **simultaneous with** the start of the ceremony.（地震が起きたのは、式典の開始とほぼ同時だった）

名詞形 ▶ simultaneity 同時(性)

145 sincere /sɪnsíɚ | -síə/ 本心からの、誠実な

He offered his **sincere** apologies; he was really sorry.（彼は本心からの謝罪をした。彼は本当にすまないと思っていた）

名詞形 ▶ sincerity 誠実、誠意

146 situated /sítʃuèɪtɪd/ 位置している

Fukuoka is **situated in** Kyushu.（福岡は九州内に位置している）

147 skilled /skíld/ 熟練した

Jonathan is **skilled in** [at] carpentry.（ジョナサンは木工細工に熟練している）

名詞形 ▶ skill 熟練、技能

148 skillful, 《英》skilful /skílf(ə)l/ 技量のある

My wife's brother is amazingly **skillful at [in]** knitting.（私の妻の弟は驚くほど編み物が上手だ）

149 sole /sóʊl/ ただ1つの

The **sole** reason why he quit the job was that he hated his boss. There was simply no other reason.（彼が仕事をやめた唯一の理由は、上司が嫌いだったということであった。ほかに全く何の理由もなかった）

類義 only たった1つの

150 sovereign /sáv(ə)rən | sɔ́v(ə)rɪn/ 主権を有する、独立した

sovereign power（主権）
a **sovereign** state（独立国）

名詞形 sovereign 主権者、統治者 / sovereignty 主権、統治権

151 spontaneous /spɑntéɪniəs | spɔn-/ 自発的な、自然に起きる

The political revolution was not planned; it was simply **spontaneous**.（その政治革命は計画されたものではなかった。全く自然に起きたものだった）

名詞形 spontaneity 自発性

152 strict /stríkt/ 厳しい、厳格な

Dr. Smith was **strict with** his colleagues.（スミス博士は同僚に対して厳格だった）

My parents were very **strict about** manners at the dinner table.（私の両親は、食事の席でのマナーに大変厳しかった）

名詞形 strictness 厳格(さ)

153 subjective /səbdʒéktɪv/ 主観的な

Professor Brand's views could not be verified by others; they were entirely **subjective**.（ブランド教授の見解を他の人は正しいと証明できなかった。それらは完全に主観的であった）

反意 ▶ objective 客観的な
名詞形 ▶ subjectivity 主観性

154 subsequent /sʌ́bsɪkwənt/ その後の

The first problem was difficult to deal with; but the problems **subsequent to** it were even more complicated.（最初の問題は扱いにくかったが、それに続く問題はさらにもっと複雑だった）

155 substantial /səbstǽnʃəl/ 中身のある、実質的な

There were no **substantial** reasons why the class was canceled.（その授業が休講となったのには実質的な理由はなかった）

名詞形 ▶ substance 物質; 実質、内容

156 sufficient /səfíʃənt/ 十分な

A million yen will be **sufficient** [for] your plan [to buy a new car].（100万円あれば君の計画に［新しい車を買うのに］十分でしょう）

動詞形 ▶ suffice 十分である
名詞形 ▶ sufficiency 十分であること

157 superficial /sùːpəfíʃəl | -pə-/ 皮相的な、うわべだけの

The lawyer's arguments were only **superficial**, and he lost the case.（その弁護士の議論はただうわべだけのものだったので、彼は敗訴した）

158 supreme /suprím, sə- | suː-, sʊ-/ 最高の

For a poet, imagination is of **supreme** importance.（詩人にとって、想像力は最も重要なことである）

名詞形 ▶ supremacy 至高、最高

159 suspicious /səspíʃəs/ 疑っている

The immigration officer felt instinctively **suspicious about** the traveler's passport.（入国管理官はその旅行者のパスポートについて直感的に疑念を持った）

名詞形 ▶ suspicion 疑い: He was **under suspicion**, but there

was no proof that he had stolen the money.（彼は疑われていたが、彼がその金を盗んだという証拠はなかった）

160 swift /swíft/ 速い

The new prime minister was **swift to** decide.（新総理大臣は決断が早かった）

名詞形 ▶ swiftness 迅速（さ）

161 symbolic /sɪmbálɪk | -bɔ́l-/ 象徴的な

The argument between the two countries was **symbolic of** their discord.（その2国間の論争は両国の不和を象徴していた）

名詞形 ▶ symbol 象徴

これらの形容詞も覚えよう！　S

□sacred 神聖な　□sandy 砂地の　□sane 正気の、良識ある　□savage 獰猛な、猛烈な　□scared おびえた　□self-conscious 自意識過剰の　□sentimental 感傷的な　□shady 陰の多い; 怪しい　□shameless 恥知らずの、ずうずうしい　□sheer 全くの; 透き通る、薄い　□singular 単数の; 並はずれた; 風変わりな　□slender ほっそりした; わずかな　□slim ほっそりした; わずかな　□slippery 滑りやすい、つかみにくい　□sly ずるい　□sober 酔っていない; まじめな、冷静な　□so-called いわゆる　□solar 太陽の　□solemn おごそかな　□sophisticated（都会風に）洗練された　□sore 痛い　□sour 酸っぱい; 気難しい　□spectacular はなばなしい、目を見張る　□stable 安定した　□stale 古くなった; 言い古された　□static 静的な　□stationary 静止した　□steep 険しい; 無茶な　□stern 厳格な、厳しい　□sticky 粘着性の; やっかいな　□stiff 硬い; やっかいな、難しい　□stormy 嵐の; 荒れた、波瀾に満ちた　□stubborn 頑固な　□subtle 微妙な　□suburban 郊外の; 偏狭な　□sunny 晴れた、日当たりのよい; 快活な　□symmetric(al)（左右）対称の　□systematic 組織だった; 計画的な

T

162 tentative /téntətɪv/ 仮の、一時的な

Until the results of the second experiment arrive, our conclusions must remain **tentative**.（第2の実験の結果が届くまでは、私たちの結論は仮のものとしておかなくてはならない）

類義 provisional 仮の

163 thoughtful /θɔ́ːtf(ə)l/ 思いやりのある

Some people are **thoughtful of** others, while others are inconsiderate and selfish.（他者に対して思いやりがある人もいれば、思いやりがなくわがままな人もいる）

類義 considerate 思いやりのある / sympathetic 思いやりのある、同情的な

164 tolerable /tál(ə)rəbl | tɔ́l-/ 耐えられる

The food was barely **tolerable**, but he ate it in the end.（その食べ物はほとんど耐えられないようなものだったが、彼は最後にはそれを食べた）

165 tolerant /tál(ə)rənt | tɔ́l-/ 寛容な

The teacher was **tolerant of** his students' late arrival.（その教師は、自分の生徒の遅刻に対して寛容だった）

動詞形 tolerate …を許容する、我慢する
名詞形 tolerance 寛容

166 typical /típɪk(ə)l/ 典型的な、特有の

This kind of landscape is **typical of** [**for**] Southern Japan.（この種の景色は南日本に典型的なものである）

> これらの形容詞も覚えよう！　**T**
>
> □ talented 才能のある　□ tame 従順な、飼い慣らされた　□ tense 緊張した　□ terrific すばらしい　□ tragic 悲劇的な　□ transparent 透明な; 包み隠しのない　□ tremendous 途方もない　□ trivial ささいな　□ tropical 熱帯の　□ troublesome やっかいな

U

167 ultimate /ʌ́ltəmət/ 究極の

Success as a researcher was his **ultimate** goal in life.（研究者として成功することが彼の人生の究極の目標だった）

168 unanimous /juːnǽnəməs/ 満場一致の

No one disagreed; the vote was **unanimous** for the chairperson's proposal.（誰も反対しなかった。投票は満場一致で委員長の提案に賛成だった）

名詞形 ▶ unanimity 満場一致

169 unaware /ʌ̀nəwéɚ | -əwéə/ 知らない、気づかない

Without pain, we would often be **unaware of** danger.（痛みがなければ、私たちはしばしば危険に気づかないだろう）

170 unconscious /ʌ̀nkɑ́nʃəs | -kɔ́n-/ 気づかない、無意識の

He was **unconscious of** how annoying he was to his fellow students by bragging all the time.（彼はいつも自慢することで同級生がどれほどうるさく思っていたか、意識していなかった）

名詞形 ▶ unconsciousness 無意識

171 underlying /ʌ̀ndɚláɪɪŋ | -də-/ 基礎をなす、底にある、根本的な

The **underlying** cause of stress is usually overwork.（ストレスの元にある原因は、たいてい過労である）

類義 basic 基本的な / fundamental 根本的な

172 uneasy /ʌníːzi/ 不安な

Samantha felt **uneasy about** her mother's poor health.（サマンサは母が病弱であることを不安に感じていた）

名詞形 uneasiness 不安

173 unwilling /ʌnwílɪŋ/ 気が進まない

Professor Tyke was **unwilling to** fail the student at first, but in the end he had no choice.（タイク教授は最初その学生を落第させるのは気が進まなかったが、結局はそうするしかなかった）

類義 reluctant 気が進まない、嫌がる

これらの形容詞も覚えよう！ U

□uncomfortable 心地のよくない　□uncommon 珍しい　□uncountable 数えられない、不可算の　□underground 地下（組織）の　□undue 不当な　□unexpected 予期しない　□unfair 不公平な　□unfortunate 不運な　□united 団結した、結合した　□unjust 不公平な　□unnatural 不自然な　□unpaid 未払いの　□unpleasant 不愉快な　□unsatisfactory 不満足な　□untidy 乱雑な　□upright 直立した; 公正な、高潔な　□up-to-date 最新（式）の　□utter 全くの

V

174 valid /vǽlɪd/ ① 有効な　② 妥当な

A **valid** reason is one that will convince others.（妥当な理由とは他者を納得させるようなものである）

名詞形 validity 妥当(性); 効力、有効性

175 vulnerable /vʌ́ln(ə)rəbl/ (攻撃などを)受けやすい、もろい

Your computer will be **vulnerable to** attack if you don't install this antivirus software.（このウイルス対策ソフトをインストール

しないと、君のコンピュータは攻撃を受けやすくなる)

名詞形 vulnerability 傷つきやすいこと、弱さ

これらの形容詞も覚えよう！ V

□ **vacant** 空いている; 空虚な　□ **vague** 漠然とした、あいまいな　□ **vast** 広大な、莫大な　□ **vertical** 垂直の　□ **vicious** 狂暴な; 悪意のある　□ **vigorous** 活気に満ちた　□ **visual** 視覚による　□ **vivid** 生き生きした　□ **vocal** 声の　□ **vocational** 職業の

W

176 wanting /wántɪŋ, wɔ́:nt- | wɔ́nt-/ 足りない

His language was **wanting in** expression; it was too crude.（彼の使う言葉は表現が不足していた。それはあまりに洗練を欠いていた）

177 weary /wí(ə)ri/ 疲れ果てた

Matt was **weary** after too much studying.（マットはあまりに勉強しすぎて疲れ果てていた）

178 worth /wə́:θ | wə́:θ/ 価値がある

A classical language is **worth** study**ing**. / It is **worth** study**ing** a classical language.（古典語は勉強するに値する）

179 worthwhile /wə́:θ(h)wáɪl | wə́:θwáɪl/ やりがいのある、むだではない

It is **worthwhile** to study a sign language.（手話を学ぶことはむだではない）

これらの形容詞も覚えよう！ W

□ **wealthy** 裕福な　□ **widespread** 広く行き渡った　□ **worldwide** 世界的な　□ **worthless** 価値のない

Y

180 yearly /jíɚli | jíəli, jə́ː-/ 例年の、年に 1 度の

The oral presentation contest is a **yearly** event at Ito campus.（口頭発表コンテストは、伊都キャンパスでの例年の催しである）

類 義 ▶ annual 例年の、年に 1 度の

181 youthful /júːθf(ə)l/ 若々しい

Professor Jones was **youthful** despite his eighty years.（ジョーンズ教授は、80 歳にもかかわらず若々しかった）

名詞形 ▶ youth 若々しさ / youthfulness 若々しいこと

Z

182 zealous /zéləs/ 熱心な

Students were **zealous in** prepar**ing** for the annual university festival.（学生たちは年に 1 度の大学祭の準備をするのに熱心だった）

類 義 ▶ keen 熱心な ⇨ 形容詞 86

名詞形 ▶ zeal 熱心、熱意 / zealousness 熱心さ、熱望

3 名詞

A

1 acquaintance /əkwéɪntəns, -tns/ 知っていること

His **acquaintance with** the Japanese language was slight.（彼の日本語の知識はわずかなものだった）

動詞形 acquaint (人)を(…と)知り合いにさせる、(人)に(物事を)知らせる: be **acquainted with** ...（(物事)を知っている、(人)と知り合いである）/ become [get] **acquainted with** ...（(物事)を知るようになる、(人)と知り合いになる）

2 affection /əfékʃən/ 愛情

John's **affection for** Italy is well known.（ジョンのイタリア好きは有名だ）

3 aid /éɪd/ 援助、助けとなるもの

A dictionary is a good **aid to** understand**ing** a language.（辞書は言語を理解するのによい助けとなる）

4 alliance /əláɪəns/ 協力、同盟

A successful company needs a strong **alliance between** its workers.（成功する企業には社員同士の強い協力が必要だ）

❂「…との協力 [同盟]」という場合には、前置詞 with を用いる。

5 amendment /əmén(d)mənt/ 修正

An **amendment to** the document was necessary due to changes in the law.（法律が変わったため、その文書の修正が必要だった）

6 apology /əpálədʒi | əpɔ́l-/ 謝罪

He **offered a** sincere **apology for** all the blunders he had made.（彼は自分が犯したあらゆる不手際に対して心からの謝罪を示した）

✪「(人)に対する謝罪」という場合は、apology to somebody となる。

7. approval /əprúːv(ə)l/ 是認、賛成

There was widespread **approval for** the governor's policy.（知事の政策は広く賛同を得た）

これらの名詞も覚えよう！ A

□abolition 廃止　□absorption 吸収　□acceptance 受諾　□access 接近、近づく方法　□accomplishment 功績、成果; 達成　□accumulation 蓄積　□achievement 業績; 達成　□acquisition 獲得　□administration 管理、運営; 行政、政府　□admission 自認; 入場、入会、入学　□allowance 手当、小遣い　□amazement 驚き　□ambition 野心　□amusement 楽しみ　□annoyance いらだたしさ　□anticipation 予期　□anxiety 不安　□apparatus 装置、器具　□appeal 訴え、懇願; 魅力　□applause 拍手（してほめること）　□appreciation 感謝　□architecture 建築（学）、建築様式　□arithmetic 算数　□aspect 側面; 見方　□assertion 断言; 主張　□assessment 査定、評価　□assumption 仮定　□assurance 保証; 確信; 保険　□astonishment 驚き　□astronomy 天文学　□athletics 運動競技　□attainment 到達、達成　□attendance 出席　□attraction 魅力

B

8. bargain /bάːɡən | bάː-/ ① 協定、取り引き　② 特価品

The two eco-friendly companies **made a bargain** to share the resource.（2つの環境に優しい企業は、資源を共有する協定を結んだ）
I bought this CD for $1. What a **bargain**!（このCDを1ドルで買った。なんてお買い得だ）

9. barrier /bǽriɚ | -riə/ 障壁

He spoke no Japanese; this was a huge communication **barrier** when he visited Japan.（彼は日本語が一切話せなかった。このこ

とは、彼が日本を訪れた時に大きなコミュニケーションの障壁となった）

10 **betrayal** /bɪtréɪəl, bə-/ 裏切り

His lying was a **betrayal** of his principles.（彼が嘘をついたことは、自分の信条を裏切るものであった）

動詞形 ▶ betray …を裏切る

11 **boost** /búːst/ 増加、上昇、後押し

The fact that his English was understood in New York was an enormous **boost to** his confidence.（彼の英語がニューヨークで理解されたという事実は、彼の自信を大いに高めるものであった）

動詞形 ▶ boost …を増加する、高める

12 **breach** /bríːtʃ/（約束・契約の）違反

Late payment is a **breach** of contract.（支払いが遅れるのは契約違反である）

13 **breakdown** /bréɪkdàʊn/ ① 衰弱　② 故障　③ 崩壊、破綻

Tony had so many worries that he had a nervous **breakdown**.（トニーには心配事がとてもたくさんあったので、神経が衰弱してしまった）

動詞形 ▶ break down 故障する;（体調不良で）倒れる ⇨ 句動詞・フレーズ編 1-2

14 **bribery** /bráɪb(ə)ri/ 贈賄、収賄

The manager of the company was arrested for **bribery**; he had given money to the government official responsible for assigning the contract.（その企業の経営者は贈賄で逮捕された。彼は契約を決める政府の役人に金を渡していたのである）

15 **burden** /bə́ːdn | bə́ː-/ 重荷、負担、義務

In an English court, **the burden of proof** is on the prosecution, not the defense.（イギリスの法廷では、立証責任は検察側にあり、被告側にはない）

> これらの名詞も覚えよう！ **B**
>
> □beam 光線　□benefit 利益　□bid 入札; 企図、努力　□biography 伝記　□biology 生物学　□bitterness 苦さ　□blessing 祝福; 恩恵　□breadth 幅、広さ　□bribe わいろ　□bulk 大きさ、容積; 大半　□bulletin ニュース速報; 公報、告示　□bunch 束、房; 一団

C

16 clue /klúː/ 手がかり、糸口

Sally didn't **have a clue** where her keys were.（サリーは鍵がどこにあるか見当もつかなかった）

17 coincidence /kouínsədns/ 一致

I happen to have the same birthday as my wife. It is a strange **coincidence**.（私は誕生日がたまたま妻と一緒である。それは奇妙な一致である）

動詞形 ▶ coincide 同時に起こる

18 collapse /kəlǽps/ 倒壊、崩壊

Once the new evidence was considered, his argument was in a state of **collapse**.（ひとたび新しい証拠が検討されると、彼の論拠は崩壊してしまった）

動詞形 ▶ collapse 崩壊する

19 commitment /kəmítmənt/ ①言質、約束　②（約束による）かかわり合い、責任

Marriage is a lifelong **commitment**.（結婚は一生かかわり合うものである）

20 comprehension /kàmprəhénʃən | kɔ̀m-/ 理解

The scale of the disaster was **beyond comprehension**.（その災害の規模は理解を超えていた）

21 compromise /kámprəmàɪz | kɔ́m-/ 妥協(案)、歩み寄り

A **compromise** is often necessary if negotiations are to be successful.（交渉を成功させるつもりであれば、妥協はしばしば必要である）

22 consistency /kənsístənsi/ 一貫性

There is little **consistency** in the dollar-yen currency markets.（ドルと円の通貨市場には一貫性がほとんどない）

23 constitution /kànstət(j)úːʃən | kɔ̀nstɪtjúː-/ ① 憲法 ② 体格、体質 ③ 構成

Britain has no written **constitution**.（イギリスには成文憲法はない）

動詞形 ③ constitute …を構成する

24 contradiction /kàntrədíkʃən | kɔ̀n-/ 矛盾、不一致

The scientist's views on climate change are **in contradiction to** those usually presented in the media.（気候変動に関するその科学者の見解は、メディアで通常提示されるものとは食い違っている）

動詞形 contradict …を否定する、…に反論する；…と矛盾する

25 controversy /kántrəvə̀ːsi | kɔ́ntrəvə̀ːsi, kəntrɔ́vəsi/ 論争

There is a great deal of **controversy about** whether or not sanctions should be imposed on the country.（その国に制裁を課すべきかどうかについて、大いに論争がある）

26 correlation /kɔ̀ːrəléɪʃən | kɔ̀r-/ 相互関係、相関関係

There is a **correlation between** cigarette smoking and lung cancer.（喫煙と肺がんには相関関係がある）

27 correspondence /kɔ̀ːrəspándəns | kɔ̀rəspɔ́n-/ ① 文通、通信、書簡 ② 対応、類似

Under a justice system, there needs to be a **correspondence**

between the crime and the punishment. (司法制度のもとでは、犯罪と刑罰の間に対応関係があることが必要である)

28 counterpart /káʊntəpàət | -təpà:t/ 対応物

Japan's ambassador to the United Nations held a private meeting with his Chinese **counterpart**. (日本の国連大使は中国の国連大使と個人的な会合を設けた)

これらの名詞も覚えよう！ C

□calculation 計算　□campaign (選挙などの)運動　□cancellation 取り消し、中止　□capability 能力　□capacity 収容力; 能力　□catastrophe 大災害; 大打撃　□category 部門、範疇　□caution 用心　□ceiling 天井; 上限　□celebration 祝賀、賛美　□certificate 証(明)書　□chaos 無秩序、混沌　□characteristic 特徴　□charity 慈善　□charm 魅力　□chemistry 化学; 相性　□chore 雑用、つまらない仕事　□circulation 循環; 流通; 発行部数　□citation 引用　□clash 衝突　□collision 衝突　□combat 戦闘　□combination 組み合わせ　□competence 能力　□complaint 不平、不満　□completion 完成; 修了　□complexity 複雑さ　□component 構成部分　□composition 構成(要素); 作品; 作曲; 作文　□compression 圧縮　□concept 概念　□confession 自白、告白　□conservation 保護、保全　□consultation 相談; 診察　□consumption 消費　□contemplation 熟考、瞑想　□contempt 軽蔑　□contentment 満足　□context 文脈、前後関係　□continuation 継続　□contour 輪郭　□convenience 好都合、便利　□convention 慣習; 大会; 協定　□conversion 変換; 改宗　□conveyance 運搬　□conviction 確信　□cooperation 協力　□coordination 調和、協力　□core 核心　□correction 修正、訂正　□corruption 堕落、腐敗　□countenance 顔つき　□courtesy 礼儀(正しさ)　□coverage 報道、取材; (問題などの)取り扱い範囲　□craft (特殊)技術　□crash 衝突、墜落; 暴落　□creation 創造、創作(品)　□credit 信用、名声; 信用販売、クレジット; (大学の)履修単位　□crisis 危機　□cruelty 残虐(行為)　□cultivation 耕作; 修練　□curiosity 好奇心　□currency 通貨; 流布、普及　□curse 悪態; 災い　□cycle 周期

D

29 debate /dɪbéɪt/ 討論

There was a long **debate about** [**on** / **over**] whether or not to abolish consumption tax.（消費税を廃止すべきかどうかの論争が長く続いた）

類義 argument 議論、論争 / discussion 議論 / dispute 論争
動詞形 debate 討論する

30 defect /díːfekt, dɪfékt/ 欠陥

A **defect in** the foundations of the building caused the collapse.（その建物の基礎部分の欠陥が崩落を引き起こした）

類義 deficiency / fault / flaw 欠陥

31 definition /dèfəníʃən/ 定義

An exact **definition** of the term is impossible.（その言葉の正確な定義は不可能だ）

32 delivery /dɪlív(ə)ri/ ① 配達　② 分娩

A door-to-door **delivery** service at a designated time is available.（指定された時間の戸別配達が利用可能です）

33 denial /dɪnáɪəl/ 否定、否認

His **denial** of the crime was not accepted.（彼がその罪を否認したことは受け入れられなかった）

34 depression /dɪpréʃən/ ① 憂鬱　② 不況

He suffered from **depression** because of losing his job.（彼は職を失ったことで鬱病になった）

動詞形 depress …を気落ちさせる；(市場)を**不景気にする**

35 diagnosis /dàɪəɡnóʊsɪs/ 診断

The result of the **diagnosis** was not known to the patient.（診

断の結果はその患者には知らされていなかった）

36 **digestion** /daɪdʒéstʃən, dɪ-/ 消化
Rapid eating often leads to bad **digestion**.（早食いは消化不良になりうる）

37 **dignity** /dígnəti/ 威厳
He is a man of **dignity**.（彼は威厳のある人物だ）

38 **diploma** /dɪplóʊmə/ 卒業 [修了] 証書、免状
Having successfully passed the course, he received a **diploma**.（その課程にうまく合格し、彼は修了証書を得た）

類義 certificate 証明書、免許状

39 **diplomacy** /dɪplóʊməsi/ 外交
Dr. Smith is an expert on international **diplomacy**.（スミス博士は国際外交の専門家である）

40 **disadvantage** /dìsədvǽntɪdʒ | -váːn-/ 不利、不都合
That sumo wrestler is **at a disadvantage** because he weighs much less than the other wrestlers.（あの力士は他の力士に比べて体重がかなり軽いので不利である）

41 **disagreement** /dìsəgríːmənt/ 不一致
There was a minor **disagreement between** the two parties **about** the issue.（その問題に関して、当事者間にわずかな意見の不一致があった）

動詞形 disagree 意見が異なる

42 **disappointment** /dìsəpɔ́ɪntmənt/ 落胆
It was a **disappointment** to lose the match.（試合に負けたのはがっかりだった）

動詞形 disappoint …を失望させる

43 **discount** /dískaʊnt/ 割引

Today we are offering a 20-percent **discount on** all the purchases.（本日当店では、すべてのお買い物に対して20%の割引をしています）

動詞形 ▶ discount …を割引する

44 **disgust** /dɪsɡʌ́st/ 嫌悪

With disgust, I watched a report on how some rich countries are making money out of sending arms to the developing world.（嫌悪感を覚えながら、私は裕福な国がどのように発展途上国に武器を輸出して金をもうけているかということについてのリポートを見た）

類　義 ▶ hatred 憎悪

45 **disorder** /dìsɔ́ːrdər | -ɔ́ːdə/ ① 混乱　② (心身の)不調

Following the hurricane, there was **disorder** and lawlessness.（そのハリケーンの後、混乱と無法状態が生じた）

Mental **disorder** should be viewed as a serious disease.（精神障害は深刻な病気とみなされるべきだ）

46 **distribution** /dìstrəbjúːʃən/ ① 分配　② 分布

The **distribution of** food and water **to** the victims in affected areas is an urgent matter.（現地の被災者に食料と水を分配することが、緊急にすべきことだ）

The map on your handout shows the **distribution** of oil reserves throughout the Middle East.（あなたのハンドアウトにある地図は中東じゅうの石油埋蔵の分布を示している）

47 **donation** /doʊnéɪʃən/ ① 寄付　② (血液・臓器などの)提供

Blood **donations** are important for hospitals.（献血は病院にとって重要である）

動詞形 ▶ donate 寄付する；(血液など)を提供する

これらの名詞も覚えよう！ D

□decay 腐敗; 衰退　□decency 品位、礼儀　□deception 欺瞞　□declaration 宣言　□decoration 装飾; 勲章　□decrease 減少　□decree 布告　□deduction 控除; 演繹　□density 密度　□destination 目的地　□destiny 運命　□devotion 献身　□dictation 書き取り　□dimension 次元; 寸法; 規模; 側面　□disaster 災害　□discharge 排出; 退院、解放　□disclosure 開示　□discretion 思慮分別; 裁量　□dismissal 解雇　□disposition 性質、気質　□dissatisfaction 不満　□distortion 歪曲　□distress 悩み　□disturbance 妨害; 不安; 騒乱　□divorce 離婚　□doctrine (政策等での)主義　□duration 持続期間

E

48 efficiency /ɪfíʃənsi/ 能率、効率

To compete in today's world, companies have to increase their **efficiency**.（今日の世界で競争するには、企業は効率を上げなければならない）

形容詞形　efficient 効率のよい

49 emphasis /émfəsɪs/ 強調

The college **puts** more **emphasis on** arts than on sciences.（その大学では科学よりも芸術のほうに重きを置いている）

動詞形　emphasize …を強調する
形容詞形　emphatic 強調した ⇨ 形容詞 40

50 employment /ɪmplɔ́ɪmənt, em-/ 雇用

Secure **employment** is the eventual goal of students.（安定した職につくことが学生の最終目標だ）

51 encounter /ɪnkáʊntɚ, en- | -tə/ 遭遇

The incident provided him with his first **encounter with** Western culture.（その出来事が彼の西洋文化との初めての出会いをもた

らした）

52 enthusiasm /ɪnθ(j)úːziæzm, en-/ 熱狂、熱心
Henry's **enthusiasm for** drama is well known.（ヘンリーが演劇に熱心なことは有名である）
類義 passion 熱中、熱愛

53 estimation /èstəméɪʃən/ (価値)判断、見積もり
Her personal **estimation** of the writer is that his writings have been underrated.（その作家の作品はこれまで過小評価されてきたというのが、彼女のその作家に対する個人的評価である）

54 evaluation /ɪvæljuéɪʃən/ 評価
The students were asked to supply an **evaluation** of the course.（学生たちはその科目の評価をするよう要請された）

55 exaggeration /ɪgzædʒəréɪʃən, eg-/ 誇張
It is an **exaggeration** to say "I'm starving" after missing lunch.（昼食を取りそこなったぐらいで「お腹がすいて死にそう」と言うのは大げさだ）

56 exhaustion /ɪgzɔ́ːstʃən, eg-/ ① 疲労(困憊)　② 消耗、枯渇
Exhaustion through overwork should be avoided in every possible way.（過労による疲労はあらゆる可能な方法で避けられなければならない）

57 expenditure /ɪkspéndɪtʃɚ, eks- | -tʃə/ 支出、経費
Unless the company reduces its **expenditure**, it will go bankrupt.（その会社は支出を削減できない限り、倒産に追い込まれるだろう）
類義 expense 費用、経費

58 export /ékspɔɚt | -pɔːt/ 輸出

The **export of** arms **to** terrorist groups is forbidden.（テロ組織への武器の輸出は禁止されている）

59 exposure /ɪkspóʊʒɚ, eks- | -ʒə/ ① 露出 ② 暴露

Too much **exposure to** intense sunlight is dangerous for the skin.（強い日差しにさらされすぎるのは皮膚にとって危険である）

60 eyesight /áɪsàɪt/ 視力、視界

Our **eyesight** was blocked due to the dense fog.（濃い霧によって視界が遮られた）

類義 vision 視力

これらの名詞も覚えよう！ E

- □element 要素
- □elimination 除去
- □encouragement 奨励
- □endurance 忍耐; 耐久性
- □equality 平等
- □equation 等式、方程式; 同一視
- □era 時代、年代
- □essence 本質、真髄
- □esteem 尊敬
- □evolution 進化、発展
- □excess 超過
- □exclamation 叫び、感嘆
- □execution 処刑;（法律などの）実施
- □exhibition 展覧会; 展示、見せること
- □expansion 拡張
- □expedition 探検
- □exploration 探検; 探究
- □explosion 爆発; 急増

F

61 facility /fəsíləti/ 設備、施設

This hotel has many leisure **facilities**, including a gym, a swimming pool, and a games room.（当ホテルにはジム、水泳用プール、ゲームコーナーなど多くの娯楽施設があります）

62 faculty /fǽkəlti/ ① 能力、機能 ② 学部（教員）

His **faculty of** hearing has diminished with old age.（彼の聴覚は高齢になって大きく衰えた）

The **faculty** meeting was postponed until next week.（教授会は

翌週に延期された）
類義 ① ability 能力 // gift / talent 才能

63 fare /féɚ | féə/ (乗り物の)運賃

Taxi **fares** tend to be expensive in this country.（この国ではタクシーの運賃は高くなる傾向にある）

64 feature /fíːtʃɚ | -tʃə/ 特徴

An extensive railway network is one of the **features** of the city.（広範囲に広がる鉄道網は、その都市の特徴の1つです）
類義 characteristic 特徴 / trait (性格などの)特性

65 fee /fíː/ 料金、報酬

Please pay the admission **fee** at the counter.（入場料をカウンターで支払ってください）

66 finance /fáɪnæns, faɪnǽns, fɪ-/ 財政

The **finance** committee will decide whether to back the project.（財務委員会がそのプロジェクトを支援すべきかどうかを決定する）

67 fluency /flúːənsi/ 流暢さ

One of the requirements for the position is near-native **fluency** in English.（その職に求められている資質の1つは、英語がネイティブスピーカーくらいに流暢であることだ）
形容詞形 fluent 流暢な

68 foundation /faʊndéɪʃən/ ① 設立 ② 基礎

He made a significant contribution to the **foundation** of the organization.（彼はその組織の設立に重要な貢献をした）
The **foundations** for Einstein's general theory of relativity were laid by Newton.（アインシュタインの一般相対性理論の基礎はニュートンによって打ち立てられた）
類義 ① establishment 設立、確立

69 friction /frík ʃən/ 摩擦、不和

Trade **friction** has arisen between the two countries.（その2か国間で貿易摩擦が生じている）

70 fuss /fʌs/ 大騒ぎ

Don't **make a fuss** about such a trivial matter.（そのようなささいなことで大騒ぎをするな）

これらの名詞も覚えよう！ F

□familiarity 親しみ、なじみ　□fancy 空想; 好み　□fantasy 空想　□fatigue 疲労　□fellowship 連帯感、親睦　□flock 群れ　□fluid 流体　□formula 式　□formulation （計画などの）案出　□fragment 断片　□framework 枠組み　□frequency 頻度; 周波数　□fright 恐怖　□frustration 欲求不満; 挫折　□fulfillment,《英》fulfilment 履行、実現　□fury 憤激

G

71 glimpse /glím(p)s/ ちらりと見ること

He **caught a glimpse** of the solar eclipse.（彼は日食をちらりと見た）

72 gratitude /grǽtət(j)ùːd | -tjùːd/ 感謝の気持ち

He showed his sincere **gratitude for** all the help he had received since his employment.（彼は、着任以来受けたすべての支援に対して心からの感謝の意を表した）

類義 appreciation / thanks 感謝

73 grief /gríːf/ 深い悲しみ

Grief after a family bereavement is natural.（家族が亡くなった後の悲しみは当然のことである）

動詞形 grieve 悲嘆にくれる

これらの名詞も覚えよう！ G
□gentleness 優しさ　□glory 栄光　□gravity 重力

H

74 hardship /hάədʃɪp | hά:d-/ 困難、苦難

There was much **hardship** during the drought in Ethiopia.（エチオピアで干ばつが起こった時は、大変な苦難があった）

75 heritage /hérɪtɪdʒ/ 遺産

Many Ainu people want to learn the Ainu language because it is an important part of their **heritage**.（多くのアイヌの人々がアイヌ語を自分たちの遺産の重要な部分だということで学びたがっている）

76 hostility /hɑstíləti | hɔs-/ 敵意、反感

There was great **hostility to** [**toward**] the smoking ban.（喫煙禁止に対して強い抵抗があった）

77 housework /hάʊswɚːk | -wəːk/ 家事

If you live away from your family, you have to do all the **housework** (for) yourself.（家族と離れて住むと、すべての家事をひとりでこなさなければならない）

類義 household chore 家事 / housekeeping 家政、家事

これらの名詞も覚えよう！ H
□hatred 憎悪　□hazard 危険、冒険　□herd 群れ　□hindrance 妨害、障害　□horror 恐怖　□hostage 人質　□humanity 人間性; 人類　□humidity 湿度　□hypocrisy 偽善

I

78 illusion /ɪlúːʒən/ 幻想
I had **illusions about** my future.（私は将来について幻想を抱いていた）

79 inability /ɪnəbíləti/ できないこと、無力
His **inability to** work on a team was a problem for us.（彼がチームで仕事ができないのは我々にとって問題だった）

80 inclination /ɪnklənéɪʃən/ ① 意向、…したい気持ち ② 傾向
He has no **inclination to** publish his ideas.（彼は自分の考えを公表する気がない）

81 inclusion /ɪnklúːʒən/ 含むこと
Dr. Walder's **inclusion in** the invitation was a surprise.（ウォルダー博士が招待者に含まれたのは驚きだった）

82 increase /ínkriːs, ɪnkríːs/ 増加、増大
Japan has experienced a considerable **increase in** imports lately.（日本は最近かなりの輸入増を経験した）

反意 decrease 減少、縮小

83 initiative /ɪníʃətɪv/ 主導権、イニシアチブ
He **took the initiative in** making the plan.（彼はその計画づくりにイニシアチブを取った）

84 inquiry /ɪnkwáɪ(ə)ri, ínkwəri | ɪnkwáɪəri/ ① 問い合わせ ② 調査
There will be an **inquiry into** the airport extension.（空港拡張について調査があるだろう）

85 insistence /ɪnsístəns/ こだわり、強い主張、強要

I was impressed with his **insistence on** using English in the classroom.（彼が教室で英語を使うことにこだわるのに感心した）

86 instinct /ínstɪŋ(k)t/ 本能

She had an **instinct for** motherhood.（彼女には母性本能があった）

87 investment /ɪnvés(t)mənt/ 投資

His **investment of** time **into** the project paid off.（彼がそのプロジェクトに投じた時間は報われた）

動詞形 ▶ **invest** …を投資する

88 itch /ítʃ/ ① かゆみ ② 願望、むずむずする気持ち

She **had a great itch to** know the truth.（彼女は真実を知りたくてたまらなかった）

形容詞形 ▶ ① **itchy** かゆい

これらの名詞も覚えよう！ I

□idol 崇拝される人; 偶像　□imitation 模倣(物)　□ingredient 材料; 成分; 要素　□injection 注射　□injustice 不公正　□innovation 革新　□insight 洞察(力)　□insult 侮辱　□intake 摂取量; 受け入れ人員　□intuition 直感、直観　□invasion 侵略　□irony 皮肉

J

89 justification /dʒʌstəfɪkéɪʃən/ 正当化、正当な理由

There is never any **justification for** rudeness.（不作法は絶対正当化できない）

これらの名詞も覚えよう！ J

jam 混雑　□jealousy 嫉妬

L

90 leak /líːk/ ① 漏れ ②(情報などの)漏洩

You need to get that water **leak** fixed as soon as possible. (なるべく早くその水漏れを直す必要があります)

動詞形 **leak** 漏れる; …を漏らす

91 liberation /lìbəréɪʃən/ 解放

The people celebrated the **liberation of** Paris **from** Nazi control. (人々はナチ支配からのパリ解放を祝った)

動詞形 **liberate** …を解放する

92 limitation /lìmətéɪʃən/ ① 限定、制限 ② 限界

There is a **limitation on** the number of directors. (役員数には限りがあります)

93 loyalty /lɔ́ɪəlti/ 忠誠

Some consumers show **loyalty to** brands. (ブランドへのこだわりのある消費者もいる)

これらの名詞も覚えよう！ L

□landing 着陸　□landscape 景色　□latitude 緯度　□layer 層　□leave 休暇　□legend 伝説　□legislature 立法府　□liberalization 自由(主義)化　□lifetime 生涯　□likelihood 見込み、公算　□livelihood 暮らし、生計　□location 所在地　□longitude 経度　□luxury ぜいたく

M

94 mastery /mǽstəri | mάːs-/ ① 制御、支配 ② 熟達

The dictator had absolute **mastery over** his people. (その独裁

者は臣民たちを絶対的に支配していた)

95 mercy /mə́ːsi | mə́ː-/ ① 慈悲　② 幸運

The king showed **mercy on** the traitor.（その王は反逆者に慈悲を見せた）

形容詞形 merciful 慈悲深い; 幸いな ⇨ 形容詞 95

96 mess /més/ 乱雑、散らかり

Young children **make a mess** when [while] eating.（小さい子供は食べる時散らかす）

97 minority /maɪnɔ́ːrəti, mə- | -nɔ́r-/ 少数（派）

Ethnic **minorities** often suffer disadvantages when seeking employment.（少数民族は、職探しの時にしばしば不利益を被る）

98 motivation /mòʊtəvéɪʃən/ 動機づけ、動機となる理由

He has no **motivation to** study English.（彼には英語を勉強する理由がない）

類義 incentive 刺激、励みとなるもの

これらの名詞も覚えよう！　M

□magnitude 大きさ、規模; マグニチュード　□manifestation（…の）表われ; 表明　□mankind 人類　□manufacture 製造（業）　□manuscript 原稿、草稿　□masterpiece 傑作　□maturity 成熟　□menace 脅威; 脅迫　□methodology 方法論　□misfortune 不運　□mission 使命　□misunderstanding 誤解　□mode 様式　□moisture 湿気　□monopoly 独占　□morale 士気、勤労意欲　□morality 道徳　□mortgage 抵当　□multiplication 増殖; 掛け算　□multitude 多数

N

99 negotiation /nɪgòʊʃiéɪʃən/ 交渉

Japan conducted **negotiations with** the USA **over** a trade imbalance.（日本は合衆国と貿易不均衡に関して交渉を行なった）

100 notion /nóʊʃən/ 考え、観念

He has no **notion of** diplomacy.（彼は外交がまるでわからない）

101 nuisance /n(j)úːs(ə)ns | njúː-/ 迷惑（な行為）

Smoking in public is a **nuisance**.（公の場での喫煙は迷惑行為だ）

これらの名詞も覚えよう！ N
□navigation 航行

O

102 objection /əbdʒékʃən/ 異議、反対

There was an **objection to** the resolution, so it was not passed.（その決議には反対があり可決されなかった）

動詞形 ▶ object 反対する

103 obligation /ɑ̀blɪɡéɪʃən | ɔ̀b-/ 義務

I feel an **obligation to** look after my elderly parents.（年老いた両親の面倒を見るべき義務を感じる）

形容詞形 ▶ obligatory 義務的な

104 obstacle /ɑ́bstəkl | ɔ́b-/ 障害（物）

The only **obstacle to** my travel plan is lack of money.（旅行の計画の唯一の障害はお金がないことだ）

類義 ▶ hindrance 妨害、障害

105 opposition /ɑ̀pəzíʃən | ɔ̀p-/ 反対

There was no **opposition to** the resolution; it was passed unanimously.（その決議には反対がなく、満場一致で通過した）

106 orbit /ɔ́ɚbɪt | ɔ́ː-/ 軌道(の一周)

The earth's **orbit around** the sun takes one year.（太陽を回る地球の軌道は一周するのに1年かかる）

107 outcome /áʊtkʌm/ 結果

The minor parties were worried about the **outcome** of the election.（少数政党は選挙の結果を心配していた）

類 義 result 結果 / consequence 結果、影響

108 outrage /áʊtrèɪdʒ/ ① 暴行、不法行為　② 憤慨、激怒

The new law on pensions is an **outrage against** the elderly.（年金に関するその新法は老齢者に対する無法である）

これらの名詞も覚えよう！　O

□oath 誓い　□oblivion 忘却　□observance 遵守　□occupation 職業; 占領　□occurrence 出来事; 発生　□odds 見込み; 配当率　□opponent 相手、敵　□oppression 圧迫　□organization 組織(化)　□orientation 志向、方向性; 方向づけ、オリエンテーション　□ornament 装飾、飾り　□outbreak 突発、発生　□overlap 重なり　□overthrow（政権などの）転覆

P

109 participation /pɚtìsəpéɪʃən, pɑɚ- | pɑː-/ 参加

Many athletes criticized his **participation in** the Olympics.（多くのアスリートたちが彼のオリンピックへの参加を批判した）

110 partnership /pɑ́ɚtnɚʃɪp | pɑ́ːtnə-/ 協力(関係)、提携

Toyota formed a **partnership with** Daihatsu.（トヨタはダイハツと提携した）

類 義 tie-up 提携、協力

111 passion /pǽʃən/ ① 熱情　② 熱中、熱愛

John has a **passion for** collecting antiques.（ジョンはアンティークの収集に熱心である）

類義 ② enthusiasm 熱中、熱狂 / eagerness 熱心、熱望 / zeal 熱心、熱意

形容詞形 passionate 情熱的な；熱中した ⇨ 形容詞 116

112 penalty /pén(ə)lti/ 刑罰、罰

The **penalty for** smoking on public transport in London is a fifty pound fine.（ロンドンの公共交通機関での喫煙の罰は50ポンドの罰金である）

113 poll /póul/ ① 世論調査　② 投票

The **opinion poll** shows that the majority of people are still against the amendment of the Constitution.（世論調査では、依然として過半数の人々が憲法改正に反対していることがわかる）

114 precaution /prɪkɔ́ːʃən/ 用心

Please fasten your seat belts as a **precaution against** sudden turbulence.（突然の乱気流に備えてシートベルトをお締めください）

115 preference /préf(ə)rəns/ 好み、(好みによる)選択

She has a **preference for** quality **over** quantity.（彼女は量より質を選ぶ）

116 prejudice /prédʒʊdɪs/ 偏見

He has a **prejudice against** foreigners.（彼は外国人に偏見を持っている）

117 prescription /prɪskrípʃən/ 処方(箋)

This medicine is only available **on prescription**.（この薬は処方によってのみ入手できる）

The doctor wrote a **prescription for** antibiotics.（その医師は抗

生剤の処方箋を書いた)

動詞形 prescribe …を処方する

118 pursuit /pɚsúːt | pəs(j)úːt/ ① 追跡　② 追求、探求

Pursuit of the truth is the common goal of researchers. (真理の探究が研究者に共通する目標だ)

これらの名詞も覚えよう！　P

□perfection 完成; 完璧さ　□persecution 迫害　□personnel 人員　□persuasion 説得　□phase 段階、局面　□phenomenon 現象　□plea 嘆願　□pollution 汚染　□portion 部分; 分け前; 一人前　□pose 姿勢; 見せかけ　□posture 姿勢　□precision 正確さ　□presentation 提示、発表、プレゼンテーション; 贈呈　□preservation 保存; 保持　□prestige 名声　□pretense 見せかけ　□prevention 防止、予防　□prime 全盛期　□privilege 特権　□probability 見込み、公算　□procedure 手続き　□proclamation 宣言　□pronunciation 発音　□proportion 割合; 部分; 均衡　□proposition 陳述、主張; 提案　□prosperity 繁栄　□provision 供給、支給; 用意　□publicity 一般に知られること　□punishment 処罰　□purity 純粋さ

Q

119 qualification /kwɑ̀ləfɪkéɪʃən | kwɔ̀l-/ 資格

A PhD has become an essential **qualification for** university teaching in the West. (博士号は西洋において大学で教えるのに不可欠な資格となっている)

120 quotation /kwoʊtéɪʃən/ 引用

His essay contained a **quotation from** another professor, but this was not acknowledged. (彼の小論は他の教授からの引用を含んでいたが、このことは謝辞で述べられていなかった)

これらの名詞も覚えよう！ Q

□ quality 質　□ quantity 量

R

121 rage /réɪdʒ/ 激怒

He was more than angry. He was **in a rage**. （彼は怒っているなどというものではなかった。激怒していたのである）

122 raid /réɪd/ (不意の)襲撃

The **raid on** the bank was foiled by security officers. （その銀行への襲撃は、警備員によって阻まれた）

123 rapture /rǽptʃɚ | -tʃə/ 歓喜、忘我

She listened **in [with] rapture** to Beethoven's Ninth Symphony. （彼女は歓喜して［我を忘れて］ベートーベンの交響曲第9を聞いた）

124 ratio /réɪʃoʊ, -ʃioʊ | -ʃiòʊ/ 割合、比率

Domestic students outnumber foreign students at a **ratio of** ten **to** one. （国内出身の学生の数は10対1の割合で、外国出身の学生の数を上回っている）

125 realization /rìːəlɪzéɪʃən | rìəlaɪz-, rìːə-/ 実現

Visiting New York was the **realization of** a lifelong dream. （ニューヨークを訪れることは、生涯の夢の実現であった）

126 realm /rélm/ 領域

In some areas, other researchers had greater skills; but **in the realm of** mathematics the professor was without equal. （いくつかの分野では他の研究者がより優れた技量を持っていたが、数学の領域となると、その教授は比類がなかった）

127 reconciliation /rèkənsìliéɪʃən/ 和解

There was no possibility of a **reconciliation between** the two enemies.（その2人の敵同士の間には和解の可能性は全くなかった）

動詞形 reconcile …を和解させる

128 rejection /rɪdʒékʃən/ 拒絶、拒否

The union's **rejection of** a 2% pay rise came as no surprise.（組合が2％の賃上げを拒否したのは何ら驚くべきことではなかった）

動詞形 reject …を拒絶する、拒否する

129 remembrance /rɪmémbrəns/ 記憶、追憶

At the ceremony, they stood **in remembrance of** those who had lost their lives in the war.（式では、彼らは戦争で命を失った人々を追憶して立っていた）

130 removal /rɪmúːv(ə)l/ 除去

The **removal of** impurities from [in] the water takes place at processing plants.（処理場では、水の中の不純物の除去が行なわれる）

動詞形 remove …を取り除く、除去する

131 resemblance /rɪzémbləns/ 類似

There was a strong **resemblance between** father and son; in particular, they both had similar noses.（父と子はそっくりだった。特に2人は鼻が似ていた）

132 restoration /rèstəréɪʃən/ 復旧、復元

The **restoration of** the painting, after it had been vandalized, was a painstaking process.（破壊された後でその絵画を復旧することは骨の折れる作業だった）

動詞形 restore …を復旧する

133 restriction /rɪstríkʃən/ 制限、制約

Some religions **impose restrictions on** clothing.（いくつかの宗教は、服装に制限を加えている）

134 retirement /rɪtáɪəmənt | -táɪə-/ 退職

Retirement from work has to be planned carefully if boredom and depression are to be avoided.（もし退屈や憂鬱を避けたいのなら、仕事からの退職は慎重に計画しなければならない）

135 revelation /rèvəléɪʃən/ ① 意外な新事実　② 暴露、発覚

What other people thought about him was a great **revelation to** Jason.（彼について他の人々が考えたことは、ジェイソンにとって意外だった）

Recently there have been many **revelations about** the press **about** the superstar's sleazy private life.（最近その大スターの浮いた私生活について報道の中で多く暴露されてきている）

これらの名詞も覚えよう！ R

□**reasoning** 推論、論理的思考　□**recall** 想起、思い出すこと　□**reconstruction** 再建　□**regime** 政権、体制　□**regulation** 規制　□**reorganization** 再編成　□**repetition** 反復　□**replacement** 取り替え　□**representation** 代表、代理; 表現、表示　□**reproduction** 複写、複製; 再生、再現　□**resentment** 憤慨　□**resignation** 辞任　□**resonance** 反響　□**restraint** 抑制　□**revision** 修正、改訂　□**revival** 復興　□**ritual** 儀式　□**robbery** 強奪

S

136 sanction /sǽŋ(k)ʃən/ ① 制裁　② 認可、承認

The UN Security Council voted to **impose sanctions on** some countries.（国連安全保障理事会は、いくつかの国に制裁を課すことを投票で決定した）

動詞形 ② sanction …を認可する

137 scope /skóʊp/ ① 範囲　②(活動などの)余地

Although his English is good, there is quite a lot of **scope for** improvement.（彼の英語は良いものの、改良する余地はたくさんある）

138 segregation /sègrɪɡéɪʃən/ 隔離

During the apartheid era in South Africa, there was **segregation between** whites and non-whites on public transport and elsewhere.（南アフリカではアパルトヘイトの時代に公共交通機関や他の場所で白人と非白人の間に隔離があった）

139 separation /sèpəréɪʃən/ 分離

What he disliked most on trips abroad was the **separation from** his dog.（外国旅行中彼が最も嫌だったのは、自分の犬と離れていることだった）

140 sequence /síːkwəns/ 順序、連続

In cooking, the **sequence of** activities is important: if some dishes are ready before others, this can be a problem.（調理では手順が重要で、もしある料理が他の料理の前にできたら、それは問題となりうる）

141 session /séʃən/ 開会(していること)

The British Parliament is not **in session** in August.（イギリスの議会は8月は開会していない）

142 similarity /sìməlǽrəti/ 類似(性)

The main **similarity between** Shakespeare and the Greek playwright Sophocles is that they both wrote tragedies.（シェイクスピアとギリシアの劇作家ソフォクレスの間の主な類似性は、双方とも悲劇を書いたことである）

143 speculation /spèkjʊléɪʃən/ ① 憶測　② 投機

There has been much **speculation about** [**on**/**over**] who will be the winner of [at] the next election.（次の選挙の勝者は誰かについて、さまざまな憶測があった）

144 **stack** /sték/ 堆積、積み重ねた山

The **stack of** books was too high and toppled over.（本の山はあまりに高かったので、崩れ落ちた）

145 **standpoint** /stǽn(d)pɔ̀int/ 立場、見地

He could only see the argument **from** his own **standpoint**.（彼は自分自身の立場からしかその議論を理解できなかった）

146 **strategy** /strǽtədʒi/ (全体における)戦略

His **strategy for** overcoming boredom was to seek the stimulus of good conversation.（彼の退屈を克服するための戦略は、良き会話という刺激を求めることだった）

類義 ▶ **tactics**（個々の戦いにおける）戦術

これらの名詞も覚えよう！ S

□salvation 救い □shortage 不足 □simplicity 単純さ; 質素 □slavery 奴隷の身分; 奴隷制度 □solitude 孤独 □sorrow 悲しみ □species（生物学上の）種 □spectacle 壮観 □splendor,《英》splendour 輝き; 見事さ □stability 安定（性） □standing 立場、地位 □statistics 統計（学） □superiority 優越（性） □supervision 監督、指導 □supposition 推測; 仮説 □suppression 抑圧 □survey 調査; 概観 □symptom 兆候、症状

T

147 **testimony** /téstəmòuni | -məni/ 証言

He gave **testimony** in the witness box at the trial.（私は裁判において証人席で証言した）

148 throng /θrɔ́ːŋ | θrɔ́ŋ/ 群衆

On Saturdays, there is usually **a throng of** people shopping in the department store.（毎週土曜は通常、デパートで買い物をする人々でごった返している）

149 token /tóʊk(ə)n/ 印、象徴

The prime minister was presented with a gift **as a token of** friendship between the two countries.（総理大臣は、その2国間の友情の印として贈り物を進呈された）

150 transition /trænzíʃən, -síʃən/ 移行

The **transition from** school **to** university can be a difficult one.（学校から大学への移行は難しいものでありうる）

151 tribute /tríbjuːt/ 賛辞

After the actor's death, his closest friend **paid tribute to** him.（その俳優が亡くなった後、彼の最も親しい友人が賛辞を述べた）

152 triumph /tráɪəmf/ 大勝利

She won a gold medal at the Olympic Games; it was a **triumph** for her.（彼女はオリンピックで金メダルを獲得し、それは彼女にとって大勝利だった）

形容詞形 ▶ triumphant 勝ち誇った

これらの名詞も覚えよう！ T

□task 職務、仕事 □technique 手法; 技術 □temper かんしゃく、腹立ち; 気性; 気分、機嫌 □torture 拷問; ひどい苦しみ、苦痛 □tragedy 悲劇 □transformation 変形、変容 □transmission 伝達; 通信、放送 □treatment 取り扱い、待遇; 治療; 処理 □tyranny 専制政治

U

153 uncertainty /ʌnsə́ːtnti | -sə́ː-/ 不確実(性)

There was some **uncertainty about** whether or not Sam would turn up to the party. (サムがパーティーに姿を現わすかどうかは幾分か不確実だった)

これらの名詞も覚えよう！ U
□unemployment 失業; 失業率　□unity 統一(性)　□utility 有用性

V

154 variation /vè(ə)riéɪʃən/ 変化

As a **variation from** his usual routine, he had *udon* for lunch rather than *soba*. (彼はいつもの日課を変えて、そばではなくうどんを昼食に食べた)

155 version /və́ːʒən | və́ːʃən/ 版

The latest **version of** the software is full of bugs. (そのソフトウェアの最新版は、バグだらけだ)

156 vicinity /vəsínəti/ 近隣、付近

Are there many supermarkets **in the vicinity of** the city hall? (市役所の近くにスーパーマーケットはたくさんありますか)

157 violation /vàɪəléɪʃən/ 違反

He was arrested for a **violation of** the traffic regulations. (彼は交通規則違反のために逮捕された)

動詞形 ▶ violate (法律など)を破る

これらの名詞も覚えよう！ V

□vice 非行; 悪徳; 悪習　□viewpoint 観点　□vigor 活力　□vocation 天職、(適した)職業

W

158 welfare /wélfèɚ | -fèə/ 福祉

The UK has a well-developed **welfare** system.（イギリスにはよく発達した福祉制度がある）

159 well-being /wélbíːŋ/ 幸福、健康

The **well-being of** patients is a doctor's primary concern.（患者の健康が医者の第1の関心事である）

これらの名詞も覚えよう！ W

□wit 機知　□wreck 残骸; 廃人

第Ⅱ部　句動詞・フレーズ編

1 break

1-1 break away from ... …から離脱する、自立する

The liberal group **broke away from** the main party in 1982. (リベラル派は1982年に党本体から離脱した)

類義 part from ... / part company with ... …と別れる、関係を断つ

1-2 break down ① 故障する ② (体調不良で)倒れる

Mechanics never seemed to be available when the car **broke down**. (車が故障した時、とても修理人に頼める様子ではなかった)
I have seen John **break down** when acting. (私はジョンが演技中に倒れるのを見た)

類義 ① go wrong / get broken 故障する
② collapse 倒れる、卒倒する

名詞形 breakdown 衰弱; 故障; 崩壊 ⇨ 名詞13

1-3 break down …を(化学的に)分解する

Water can be **broken down into** oxygen and hydrogen. (水は酸素と水素に分解できる)

類義 resolve ... (into ~) …を(化学的に) (～に)分解する

1-4 break in 押し入る

They **broke in** through the front door and stole lots of money. (彼らは正面ドアから押し入り、多額の金を盗んだ)

類義 force an entry into ... …に押し入る

1-5 break in on ... …に割り込む

He suddenly approached us and rudely **broke in on** our private conversation. (彼は突然私たちに近づいてきて、無礼にも私たちの内輪の会話に割り込んだ)

類義 cut in on ... / butt in on ... / interrupt (話など)の邪魔をす

る、(話など)に口出しする

1-6 break off (関係など)を断つ、…を急にやめる

The U.K. and Libya **broke off** diplomatic **relations with** each other in 1989. (1989年にイギリスとリビアは外交関係を断った)

類義 cease …をやめる、終える / terminate …を終わらせる

1-7 break out (好ましくないことが)勃発する

Forest fires have **broken out** across Greece. (森林火災がギリシア中で起こった)

1-8 break through ... …を打ち破る

Demonstrators attempted to **break through** the barriers. (デモ隊は防壁を突破しようと試みた)

類義 burst through ... …を破って通る

1-9 break up 解散する

The meeting **broke up** without an agreement being reached. (その会議は合意に至ることなしに解散した)

類義 disperse 離散する

1-10 break up with ... …と別れる

He **broke up with** his girlfriend and moved abroad. (彼は恋人と別れて海外に移住した)

類義 part company with ... …と別れる

2 bring

2-1 bring about …をもたらす、引き起こす

The spread of communication technologies has **brought**

about an information revolution.（コミュニケーション技術の拡がりは情報革命をもたらした）

類義 generate …を生み出す / lead to ... …をもたらす / produce …を引き起こす / cause …の原因となる / result in ... 結果として…となる / end in ... 結局…となる

2-2 bring ... around [《英》round] …を説得する

I intended to **bring** him **around to** our point of view.（私は彼に私たちの考え方を理解してもらえるよう説得するつもりだった）

類義 convince ... (of ~) …を（～について）納得させる / persuade ... (into ~) …を（～へと）説得する

2-3 bring back …を思い出させる

Watching the videos **brought back** memories of my childhood.（ビデオを見ることで、子供時代の記憶が蘇った）

類義 recall …を思い出させる

2-4 bring forward …を提出する、提起する

At the last meeting, the new president **brought forward** a completely new idea.（この間の会議で、新社長が全く新しい考えを出した）

類義 present / submit …を提出する、提示する

2-5 bring ... into being …を生じさせる、生み出す

Industrialization **brought** many new towns **into being**.（産業化により多くの新しい町が生まれた）

類義 create …を生み出す / engender …を生じさせる

2-6 bring together …を和解させる

He gained the trust of both the government and the rebels, but could not **bring** the two sides **together**.（彼は政府と反乱軍双方の信頼を得たが、それら双方を和解させることはできなかった）

類義 reconcile …を和解させる

2-7 bring up ①（議論・問題など）を持ち出す　②（子供）を育てる

It was Bill who **brought** that issue **up** first.（あの問題を最初に言い出したのはビルだった）

Hilary **brought up** her only son on her own.（ヒラリーは一人息子を自力で育てた）

類義 raise（議論・問題など）を持ち出す；（子供）を育てる

3　come

3-1 as it comes あるがままに

Planning is futile; it is better simply to **take** life **as it comes**.（計画してもむだだから、人生は単にあるがままに受け入れるほうがいい）

類義 as it is あるがままに

3-2 come across ... …に偶然に出会う

I **came across** this painting in a gallery in New York.（私はニューヨークの画廊で偶然この絵画に出くわした）

類義 encounter《フォーマル》/ meet ... by chance …と偶然出会う

3-3 come down on ... …を強く非難する、しかる

The teacher **came down** hard **on** me for sleeping in class and gave me extra work.（授業中に寝ていたため、先生は私を激しくしかり、宿題を課した）

類義 scold《フォーマル》…をしかる / rebuke《フォーマル》…を厳しくしかる / reprimand《フォーマル》…を叱責する

3-4 come into being 生まれ出る、生じる

When did life first **come into being**?（いつ生命は初めて生じたのだろうか）

類義 start / begin 始まる

3-5 come out with ... (不意に)…を口にする、言う、公表する

He had hoped to keep his divorce a secret from his friends, but his ex-wife came out with the news straight away.（彼は自分の離婚を友達には秘密にしておきたいと思っていたが、別れた妻がすぐにそのことを暴露した）

3-6 come through ... …を切り抜ける

He came through the fight with only cuts and bruises.（彼はほんのかすり傷でそのけんかを切り抜けた）

類義 get through ... …を切り抜ける / survive …を切り抜けて生き残る

3-7 come to oneself = come to 意識が戻る

It was two days before the patient came to himself.（患者が意識を取り戻すのに2日かかった）

類義 regain consciousness 意識を取り戻す / revive 意識を回復する

3-8 come to terms with ... …と折り合う

He slowly came to terms with his wife's death.（彼は徐々に妻の死と折り合うようになった）

類義 accept 受け入れる / cope with ... …に対処する

3-9 come up 起こる、生じる

I will attend unless anything comes up.（何事も起こらなければ出席するよ）

類義 arise / happen / occur / come about 起こる、生じる

3-10 when it comes to ... …となると

When it comes to Japanese literature, I know nothing.（日本文学となると、私は何も知らない）

類義 as far as ... is concerned / as for ... / as to ... …につ

いては、…に関して言うと // as regards ... / concerning ... / in respect of ... / regarding ... / with regard to ... / with reference to ... / with respect to ... 《フォーマル》…に関しては

4 do

4-1 be done with ... …を終えている

I **am** already **done with** preparation for my class tomorrow.（明日の授業の予習はもう済ませている）

類義 have finished …を終えている

4-2 could [can] do with ... …を必要とする

This apartment **could do with** a good clean.（このアパートはしっかり掃除する必要がある）

類義 need …を必要とする / require 《フォーマル》…を必要とする

4-3 do away with ... …を廃止する

Let's **do away with** all this fuss and keep things simple.（こんな騒ぎはやめて、単純にやろう）

類義 abolish …を廃止する // remove / get rid of ... …を取り除く

4-4 do ... good …に効果がある

It will **do** him **good** to take a rest.（休むことが彼には効き目があるだろう）

類義 be beneficial to ... …に有益である

4-5 do harm 害になる

The television interview **did** a lot of **harm to** his reputation.（テレビでの会見が、彼の名声に害になった）

Interfering in family quarrels often **does more harm than good**. (家庭内のけんかに介入することはしばしば有害無益である)

✪ do more harm than good はイディオムで「有害無益である」を意味する。

類義 ▶ have a bad effect 悪い影響がある

4-6 do justice to ... = do ... justice …を公正に扱う

She was opportunistic and at times infuriating, but to 「**do her justice** [**do justice to** her] she was the best actress of the Showa period. (彼女はご都合主義的で時に腹立たしくなるほどだった。しかし、公正に評価するならば、彼女は昭和時代最良の女優だった)

類義 ▶ treat ... fairly [with justice] …を公正に扱う

4-7 do oneself justice = do justice to oneself 能力を発揮する

He does not **do himself justice** in examinations. (彼は試験となると自分の力を発揮しない)

類義 ▶ come into one's own 実力を発揮する

4-8 do ... over …をやり直す

The publisher made her **do** the book all **over** again because there were many mistakes. (出版社は彼女に本を書き直させた。なぜならば多くの間違いがあったからである)

類義 ▶ redo やり直す

4-9 do without ... …なしで済ませる

If you are pressed for time, we will have to **do without** a coffee break this morning. (時間に追われているのなら、今朝はコーヒーブレークはなしとしなければならない)

類義 ▶ dispense with ... …なしで済ませる

5 get

5-1 get across …を理解させる、伝える

However hard I tried, I could not **get** my idea **across to** him.（いくら頑張っても、私の考えを彼に理解させることはできなかった）

類義 make ... understand ~ …に~を理解させる / convey [communicate] ... (to ~) …を(~に)伝える

5-2 get ahead 成功する

You will have to work hard if you want to **get ahead in** the business world.（実業界で成功したいならば、懸命に働かなければならない）

類義 succeed [be successful] (in ...) (…で)成功する

❸ 後に続く要素によっては前置詞は in 以外に at や with が用いられることもある。

5-3 get ahead of ... …を追い越す

The horse quickly **got ahead of** the rest of the field.（その馬は、急速に競技に出ていた他の馬を追い抜いた）

類義 overtake …を追い越す

5-4 get at ... …を暗示する

He failed to see what I **was getting at**.（私が何を言おうとしていたのか彼にはわからなかった）

類義 hint at ... / suggest …をほのめかす

5-5 get back to ... ① …に戻る ② 後で…に連絡する

I'll **get back to** you about the party later.（後ほどパーティーのことについて、あなたにまた連絡します）

類義 ① return to ... …に戻る

5-6 get down to ... (仕事など)に取りかかる

It is difficult to **get** back **down to** things after a vacation abroad.（海外で休みを過ごした後は、いろいろなことに本格的に戻るのが大変だ）

類義 get [set / go] to work (on ...) (…の)仕事に取りかかる

5-7 get (a) hold of ... …と連絡を取る

It is impossible to **get hold of** you these days. You are always busy.（最近君に連絡を取れないでいる。君は常に忙しいから）

類義 get in touch with ... / make contact with ... …と連絡を取る

5-8 get over ... （困難など）を克服する、（病気・悲しみなど）から回復する

Somehow they managed to **get over** the communication barrier.（どうにかして彼らはコミュニケーションの壁を乗り越えた）

He will never **get over** his wife's death.（彼が妻の死から立ち直ることは決してないだろう）

類義 conquer / overcome / surmount …を克服する // recover from ... …から回復する

6 give

6-1 give away ① （秘密など）を漏らす ② …の正体を暴露する ③ …をただでやる

Someone **gave** our secret **away to** the authorities.（誰かが我々の秘密を当局に漏らした）

The cook tried to look indifferent, but his body language **gave** him **away**.（コックは無関心を装ったが、身振りで彼の本心がわかってしまった）

The new burger restaurant is **giving away** (free) burgers today.（新しくできたハンバーガー店は、今日はハンバーガーを無料で配っている）

類義 ① betray [reveal] ... (to ~) (秘密など)を(〜に)漏らす
③ hand out …を配る

6-2 give in to ... …に降参する、屈服する

After a week without food, the rebel army soon **gave in to** the government.（食料なしで1週間過ごした後、反乱軍はすぐに政府に降参した）

類義 surrender to ... / yield to ... …に降参する、屈服する

6-3 give off …を放つ

A successful politician **gives off** an air of sincerity.（成功している政治家は誠実な雰囲気を醸し出している）

類義 emit / send out（光・熱など）を放つ

6-4 give out …を公表する

The examination results will be **given out** soon.（試験の結果はすぐに公表されるだろう）

類義 announce …を公表する

6-5 give out なくなる

In two more hours, our oxygen supplies will **give out**.（あと2時間で酸素の供給が尽きるだろう）

類義 run out 尽きる

6-6 give way to ... …に譲歩する

When he realized that everyone opposed him, he had to **give way to** his seniors.（皆が自分の意見に反対だと気づいた時、彼は年長者たちに譲歩せざるをえなかった）

類義 yield to ... …に譲歩する

6-7 given ... …を考慮すると

Given the current economic climate, the British government will have to make financial cuts.（現在の経済情勢を考慮すれば、英国政府は財政削減をしなければならないだろう）

類義 considering ... …を考慮すれば

6-8 given that S+V　SがVであるとすれば

Given that the current economic climate is far from satisfactory, the government will have to raise the retirement age.（現在の経済情勢が満足いくものからほど遠いとすれば、政府は定年を引き上げなければならないだろう）

類義 if S+V　SがVであるとすれば

7　go

7-1 go ahead with ...　(仕事など)を進める

We **went ahead with** our plans even though there were many problems.（問題はたくさんあったのだが、私たちは自らの計画を進めた）

類義 advance …を前進させる // press on with ... (仕事など)を進める // proceed with ... / carry on with ... …を続ける

7-2 go for ...　① …を攻撃する　② …を得ようとする

Our dog **went for** me yesterday.（我が家の犬が昨日私を襲った）
I hear you are going to **go for** promotion.（君は昇進を目ざしているそうだね）

類義 ① attack …を攻撃する / set on [upon] ... …を襲う
② go after ... …を求める / aim for ... …をねらう

7-3 go in for ...　① …に参加する　② (好んで)…をする

Only a few people **went in for** the competition.（ほんの少しの人々がその競技会に参加したにすぎない）
I have never **gone in** much **for** playing chess.（私は好んでチェスをしたことはない）

類義 ① participate in ... / take part in ... …に参加する
② like …を好む / be interested in ... …に興味がある / be keen on ... …に熱中している

7-4 go into ... …を論じる、説明する

I wanted to know more, but he would not **go into** details.（私はもっと知りたかったのだが、彼は詳細に立ち入ろうとしなかった）

類義 account for ... …について説明する / explain …を説明する

7-5 go off 爆発する

The bomb **went off** in his hands. He was killed at once.（爆弾が彼の掌中で爆発した。彼は即死した）

類義 blow up / burst / explode 爆発する

7-6 go on 続く

The argument **went on** for weeks.（議論は何週間も続いた）

類義 continue / last 続く

7-7 go on doing …し続ける

I cannot **go on** support**ing** you forever; you'll have to pay your own way.（私はお前を永遠に養い続けることはできない。お前はやがて自活しなければならないだろう）

類義 continue doing / keep (on) doing …し続ける

7-8 go on with ... …を続ける

They **went on with** their argument for weeks.（彼らは議論を何週間も続けた）

類義 continue …を続ける

7-9 go over ... …を入念に調べる

He **went over** the list again and again but could not find his name.（彼はそのリストを何度も何度も念入りに調べたが、自分の名前を見つけることはできなかった）

類義 check …を点検する / examine …を検査する / investigate

…を(詳しく)調査する

7-10 go through ... …を経験する

Have you ever **gone through** a difficult time in your life?（あなたは人生において困難な時を経験したことがあるのですか）

類　義 experience …を経験する / undergo（辛いことなど)を経験する

7-11 go through with ... …をやり通す

He had said he would marry the girl, but later he did not want to **go through with** it.（その娘と結婚すると彼は言っていたのだが、後に彼はそれを成し遂げたいとは思わなくなった）

類　義 carry out …を果たす

7-12 go together （色などが)調和する

These colors do not **go together**.（これらの色は調和しない）

類　義 match 調和する

8 keep

8-1 keep away from ... …に近づかない、…を避ける

After his illness, he had to try to **keep away from** cigarette smoke.（病気になってからというもの、彼はたばこの煙を避けるようにしなければならなかった）

類　義 stay away from ... …に近づかない、…を避ける / avoid …を避ける

8-2 keep back …を隠す

Although he confessed to the first murder, he **kept back** the fact that he had also killed a second man.（彼は最初の殺人を認

めたが、別の人物も殺したことは隠したのであった）

類義 hide …を隠す // conceal《フォーマル》…を隠す // hold back / keep ... secret / keep ... to oneself …を秘密にしておく

8-3 keep ... in mind …を心に留めている

Please **keep in mind** the advice I gave you.（私があなたに与えた助言を、心に留めておいてください）

類義 bear ... in mind …を心に留めている // remember …を覚えている；…を思い出す // recall / recollect …を（努めて）思い出す

8-4 keep (on) doing …し続ける

His weight **keeps** (**on**) increas**ing**.（彼の体重は増加し続けている）

類義 continue doing / go on doing …し続ける

8-5 keep ... to oneself …を秘密にしておく

I am getting married. But **keep** it **to yourself**.（近々結婚するつもりです。でも秘密にしておいてください）

類義 ⇨8-2

8-6 keep up …を持続する

You are working diligently, but can you **keep** it **up**?（君は勤勉に働いているが、それを持続できるだろうか）

類義 continue / carry on …を続ける // maintain / sustain …を維持する

8-7 keep up with ... （情報など）に遅れないでついていく

I watch TV to **keep up with** the news.（ニュースについていくために私はテレビを見る）

類義 catch up on ... （情報など）に遅れないでついていく

9 make

9-1 make a difference 重要である

It **makes a difference** in life whether or not you can speak English.（英語が話せるか否かは人生において重要である）

類義 ▶ be important 重要である / matter (much [a great deal / a lot])（たいそう）重要である

反意 ▶ make no difference 重要でない

9-2 make a mess of ... …を台なしにする

You have certainly **made a mess of** things.（君は確かに諸々のことを台なしにしたのだ）

類義 ▶ spoil / ruin …を台なしにする

9-3 make allowance(s) for ... …を考慮する

We must **make allowance(s) for** her inexperience.（私たちは彼女が経験不足であることを考慮せねばならない）

類義 ▶ allow for ... / consider / take ... into consideration …を考慮する、…を斟酌する

9-4 make believe (that) S+V S が V であるふりをする

When we were children, we used to **make believe (that)** we were soccer stars.（私たちが子供のころはよくサッカースターごっこをしたものだった）

類義 ▶ pretend (that) S+V S が V であるふりをする

9-5 make (both [two]) ends meet 収支を合わせる

When poor, it is very difficult to **make ends meet**.（貧乏だと収支を合わせるのがとても難しい）

類義 ▶ get by / manage 何とかやっていく

9-6 make good （社会的に）成功する

Although he was a criminal in his youth, he eventually **made good**. (彼は若き日には犯罪者であったが、ついには成功した)

類義 succeed 成功する / come [rise] to fame 有名になる

9-7 make light of ... …を軽視する

Do not **make light of** the dangers involved in mountain-climbing. (登山に伴う危険を軽視してはならない)

類義 make little of ... …を軽視する // underestimate / underrate …を過小評価する // play down …を軽く扱う

9-8 make much of ... …を重視する

Do not **make** too **much of** grammatical correctness when teaching English as a means of communication. (コミュニケーションの手段として英語を教える際、文法的正確さを重視しすぎてはならない)

類義 attach (great) importance to ... …を(大いに)重視する / emphasize …を強調する

9-9 make nothing of ... …を何とも思わない

I was impressed at what he had done, but he tried to **make nothing of** it. (彼が成したことに私は感銘を受けたが、彼はそんなことは何とも思わないようにしていた)

類義 attach no importance to ... …を軽く見る

9-10 make out …を理解する

I cannot **make out**「what this poem means [the meaning of this poem]. (私はこの詩が何を意味するか[この詩の意味が]理解できない)

類義 understand / figure out / work out …を理解する // comprehend《フォーマル》…を(十分に)理解する

9-11 make sense 道理にかなう

What my teacher says **makes** no **sense**. (私の先生が言うことは、道理にかなわない)

類義 add up 筋が通っている

9-12 make use of ... …を利用する

We should **make use of** this opportunity.（私たちはこの機会を利用するべきだ）

類義 use …を利用する / utilize《フォーマル》…を利用する / take advantage of ...（機会など）を利用する

10 take

10-1 take advantage of ... …を(都合のいいように)利用する

He was generous, and people were always **taking advantage of** him.（彼は物惜しみしなかったので、人々はいつも彼を利用していた）

類義 exploit …を(都合よく)利用する

10-2 take after ... …に似ている

John really **takes after** his father: he has similar eyes and hair.（ジョンは本当にお父さんに似ている。目と髪が似ている）

類義 bear a resemblance to ... / resemble …に似ている

10-3 take back …を取り消す、…を撤回する

I regret upsetting you; I **take back** what I said.（あなたを動転させたことを後悔しています。私が言ったことを取り消します）

類義 retract / withdraw《フォーマル》…を取り消す、…を撤回する

10-4 take on （様相など）を帯びる

The issue has **taken on** a new significance in the light of recent events.（最近の出来事に照らして、その問題が新たな重要性を帯びることになった）

類義 assume《フォーマル》(様相など)を帯びる

10-5 take over …を引き継ぐ

When the owner retired, his son **took over** the business.（オーナーが引退した際、彼の息子が事業を引き継いだ）

類義 succeed to … …を受け継ぐ、継承する

反意 hand over … …を譲り渡す: When the owner retired, he **handed over** the business **to** his son.（オーナーは引退した際事業を息子に譲り渡した）

10-6 take part in … …に参加する

The students **took part in** the experiments.（その学生たちは実験に参加した）

類義 participate in … …に参加する

10-7 take place 起こる、開催される

The annual conference **took place** on February 1.（年次大会が2月1日に開催された）

類義 be held 開催される

10-8 take sides with … …に味方する

He decided not to **take sides with** either of his friends in their argument.（友人たちが議論になった時、どちらの味方もすまいと彼は決めた）

類義 side with … / stand up for … …に味方する // defend …を弁護する // support …を支持する

10-9 take … to heart …を深く心に留める

They make lots of cutting remarks, but he does not **take** them **to heart**.（彼らはたくさん辛辣な発言をするのだが、彼はそれらの言を深く心に留めることはない）

類義 bear [keep] … in mind …を心に留めている

10-10 take up （時間など）を取る

I am afraid I have **taken up** far too much of your time already.
(すでにあなたのお時間を取りすぎてしまったのではないかと思います)

類義 use …を使う / waste …を空費する

第Ⅲ部　場面別の語彙と表現
～使って交流しよう～

1 キャンパスライフ

英語を話す留学生とキャンパスで出会った際、どのような表現を使って交流したらよいか、学んでください。これらの表現は、英語圏の大学に留学する時にも役に立ちます。

学年　　　　　　　　　　　　　　　　　　　　Ⅲ-1-01

My friend John is a **fourth-year student** at the School of Economics.（私の友人ジョンは経済学部の 4 年生です）

Ah, is he a **senior**?（ああ、彼は 4 年生ですか）

first-year student / freshman / freshperson / fresher 1 年生

second-year student / sophomore 2 年生

third-year student / junior 3 年生

My brother **is in the third year**, and I **am in the first year**.（私の兄は 3 年生で、私は 1 年生です）

学部（九州大学で使用している英語の呼称）

[http://www.kyushu-u.ac.jp/en/faculty/undergraduate より]

School of Interdisciplinary Science and Innovation 共創学部

School of Letters 文学部

School of Education 教育学部

School of Law 法学部

School of Economics 経済学部

School of Sciences 理学部

School of Medicine 医学部

School of Dentistry 歯学部

School of Pharmaceutical Sciences 薬学部

School of Engineering 工学部

School of Design 芸術工学部

School of Agriculture 農学部

✪ 学部のことを faculty と言うことが多いが、九州大学では faculty は「研究院」（教員の所属する組織）の意味で用いる。

専攻　　　　　　　　　　　　　　　　　　　　　Ⅲ-1-02

What **are** you **majoring** [**specializing**] **in**? (あなたは何を専攻していますか)

My **major** [《米》**specialty** /《英》**speciality**] is Chinese literature. / I**'m majoring** [**specializing**] **in** Chinese literature. (中国文学を専攻しています)

I'm **a** medicine **major**.《米》(医学を専攻しています)

Are you **reading** politics [political science] at Kyushu University?《英》(あなたは九州大学で政治学を専攻しているのですか)

No, I**'m studying** law there. (いいえ、そこで法律を専攻しています)

Have you **decided on your major** [**main subject**] at the School of Letters yet? (文学部で何を専攻するかもう決めましたか)

Yes, I'm going to **study** Western philosophy. (はい、西洋哲学を専攻します)

❸ 学問分野の名称については ➡ 6 学術・科学

登録　　　　　　　　　　　　　　　　　　　　　Ⅲ-1-03

Ten students from my class have「**signed up** [**registered**] **for** a course in physics. (私のクラスのうち 10 人の学生が物理学の科目に登録しました)

Did you **enroll in** [《英》**on** /《英》**for**] Professor Rawlings' communication course? (ローリングズ教授のコミュニケーション科目に登録しましたか)

単位取得、試験とレポート　　　　　　　　　　　Ⅲ-1-04

How many **credits** do you need to **get** in the first year? (1 年次に何単位取る必要がありますか)

I have to **earn** at least 36 **credits**. (最低 36 単位取らなければなりません)

Have you finished all the **required courses**? (必修科目を全部取り終わりましたか)

I'd like to **take** three **elective courses** this year. (今年は選択科目を 3 つ履修したいです)

I **passed** the history of science **examination**. (科学史の試験に合格した)

I **failed** mathematics, so I'll have to 「**take the same course again** [**repeat the course**]. (数学(の単位)を落としてしまったので、同じ科目を再履修しなければならない)

Does the academic writing course set three **mid-term exams** during a semester? (アカデミックライティングの科目は、半期に3回中間テストを課すのですか)

At this time of the year, all the professors at the Department of Chemistry seem very busy marking their **final exams**. (1年のこの時期は、化学科の教授は皆期末試験の採点で多忙のようです)

By what date should I **submit** the **term paper**? (期末のレポートは何日までに提出すればいいですか)

I didn't 「**hand in** [《米》**turn in**] my paper on time. (私はレポートを期日どおり提出しなかった)

入学と卒業　　　　　　　　　　　　　　Ⅲ-1-05

Did you attend the **entrance** [**enrollment**] **ceremony**? (入学式に出席しましたか)

I **was admitted to** Kyushu University last year. (私は昨年九州大学に入学しました)

When did your brother **enter** Harvard University? (お兄さんはいつハーバード大学に入学したのですか)

The 「**graduation ceremony** [**commencement**] took place on 26 March. (卒業式は3月26日に開催されました)

Dr. Johnson is **a** Cambridge **graduate**. (ジョンソン博士はケンブリッジ大学の卒業生です)

Did your supervisor **graduate from** Oxford University? (あなたの指導教員はオックスフォード大学を卒業したのですか)

PC を使う　　　　　　　　　　　　　　Ⅲ-1-06

First of all, **start** [**boot**] **up** the computer. (まず最初にコンピュータを立ち上げ[起動させ]なさい)

Before leaving this room, please be sure to **shut down** your PC. (こ

の部屋を出る前に、必ずパソコンを終了させてください）

You are advised to take [have] a look at the **website** of the School you belong to.（自分が所属する学部のホームページを見ることが推奨されます）

Shall we exchange (our) **e-mail addresses**?（電子メールのアドレスを交換しましょうか）

Can you **e-mail** me your photo, please? / Can you **send** me your photo **by** [**via**] **e-mail**, please?（あなたの写真を電子メールで私に送ってくれませんか）

This document **can be downloaded** free from the site of the Mechanical Engineering Department.（この書類は無料で機械工学科のサイトからダウンロードできます）　❸ can be downloaded は is downloadable とも表現できる。

Do you know how to **upload** videos to Facebook?（フェイスブックに動画をアップロードする［載せる］方法を知っていますか）

図書館　　Ⅲ-1-07

In order to enter the library, your **student ID card** is necessary.（図書館に入館するには、学生証が必要です）

The University Library offers an **on-line catalogue** of all the books and periodicals available.（大学図書館は利用可能なすべての書籍と雑誌のオンラインカタログを提供しています）

How many books can I **borrow** at a time?（一度に何冊の本を借りることができますか）

You must **return** this book within two weeks.（この本は2週間以内に返却しなければなりません）

掲示　　Ⅲ-1-08

The final exam schedule has just been posted on the 「**bulletin board**《米》[《英》**noticeboard**].（期末試験の時間割が掲示板に貼られたばかりです）

The **electronic bulletin board** requests you to show up at the educational affairs office.（電光掲示板で、あなたが教務係に来るよう要請されています）

証明書　　　　　　　　　　　　　　　　　　Ⅲ-1-09

[cf. http://www.tj.kyushu-u.ac.jp/en/campuslife/ca_frame.html?required paperE.html]

How much does it cost to have a **student registration certificate** issued?（在学証明書を発行してもらうのにいくらかかりますか）

How can I get a **school credit statement**?（単位取得証明書はどうしたら手に入りますか）

オフィスアワー　　　　　　　　　　　　　　Ⅲ-1-10

Where is Professor Wolf's **office** (located [situated])?（ウルフ教授の研究室はどこにありますか）

You should **make an appointment with** him before visiting his office.（研究室を訪ねる前に、先生と面会の約束をするべきです）

When are Dr. Mann's **office hours**?（マン博士のオフィスアワーはいつですか）

食堂　　　　　　　　　　　　　　　　　　　Ⅲ-1-11

The university **cafeteria** [**refectory**] serves a wide range of dishes.（大学食堂は広範囲な料理を提供しています）

What is today's **lunch special** [**set lunch**]?（今日の日替わりランチは何ですか）

Would you prefer a **set meal** to noodles?（麺類より定食のほうが好きですか）

クラブ活動　　　　　　　　　　　　　　　　Ⅲ-1-12

Have you **joined** any **clubs**?（どこかクラブに入りましたか）

Do you **belong to** any clubs?（どこかクラブに入っていますか）

I'**m in the** tennis **club**.（私はテニスクラブに所属しています）

I've **signed up for** the ESS.（ESSに申し込みました）　❂ ESS = English Speaking Society

Would you rather join a **sports club** or a **cultural society**?（スポーツ系のクラブと文化系のクラブのどちらに入りたいですか）

アルバイト　　🔊 III-1-13

I **have a part-time job as** a sales assistant at a book store.（書店で販売員のアルバイトをしています）

✪ 日本語の「アルバイト」はドイツ語の Arbeit「労働」に由来するが、英語では a part-time job と言う。

The **hourly wages** for **working part-time** at a convenience store are not very attractive, but tutoring is well-paid.（コンビニのアルバイトの時給は大して魅力的なものではないが、家庭教師は給料がいい）

I'm saving to study abroad next year, so I've **taken on a part-time job**.（私は来年留学するために貯金をしている。だからアルバイトをすることにした）

2 ソーシャライジング

海外で学会や会合に参加する際には、研究や仕事上の人間関係を広げるためのネットワーキングも大切な活動の1つです。このセクションでは人脈作りに使える表現を学びましょう。これらの表現は国内で留学生と交流するときにも役に立ちます。

話しかける　　　　Ⅲ-2-01

May I **speak to** you?（話しかけてもいいですか）

I **was interested in** your presentation.（ご発表に興味をもちました）

A nice party, isn't it?（いいパーティーですね）

It's a pleasure to meet you.（お会いできて光栄です）

Nice to meet you.（どうも初めまして）

自己紹介　　　　Ⅲ-2-02

❂ 必ず相手の目を見よう。

Let me introduce myself.（自己紹介させてください）

I'm Taro KYUDAI, **a freshman at** Kyushu University.（私は九州大学1年生の九大太郎です）

I'm **a student at** [**in**] the Department [School] of Engineering.（私は工学部に所属しています）

I **work for** Kyushu University Press.（私は九州大学出版会に勤務しています）

I **work in** the editorial department.（私は編集部に所属しています）

I've been **working for** the publisher for seven years.（私はその出版社に勤めて7年になります）

I **was born and brought up** in a rural part of Japan.（私は日本の田舎で生まれ育ちました）

第三者を紹介　　　　Ⅲ-2-03

Mr. Dawson, **this is** Mr. Trebilcock.（ドーソンさん、こちらはトレビルコックさんです）

May [**Can / Could**] **I introduce you to** this gentleman [lady]?（こ

の男性［女性］を紹介させていただけますか）

相手を知る　　Ⅲ-2-04

What do you do? (ご職業は何ですか)

What company do you work for, **if I may ask**? (差しつかえなければ、会社はどちらですか)

What's **your position** in the company? (会社でのご担当は何ですか)

✪ いきなりぶしつけに個人的なことは聞かないようにしなければならない。質問する際、Wh疑問文は尋問しているような印象を与えるので原則として避け、Yes/No疑問文で尋ねるほうがよい。前からその話題が続いている場合にはWh疑問文も許容される。May I ask ... などの前置きを入れると控えめな印象になる。

質問する　　Ⅲ-2-05

I **have a quick question for** you. (ちょっと質問があります)

May I **ask you a question**? (質問してもよろしいですか)

質問に応対する　　Ⅲ-2-06

I**'m more than happy to** answer your question. (喜んでお答えします)

I hope I've **answered your question properly**. (ご質問の答えになりましたらよいのですが)

相手の話にあいづちを打つ　　Ⅲ-2-07

✪ 英語では意識してあいづちを多めに入れよう。

"I like Japanese food." "Oh, **do you**?" (「私は日本食が好きです」「そうですか」)

"This seems a good company to work for." "**I guess so.**" (「この会社で働くのがよさそうです」「そうですね」)

That's right. / Exactly. / Of course. (そのとおりですね)

I see. (なるほど)

Is that right? (へえ、そうですか)

Oh, really? (本当ですか)

今後のつなぎをつける　　Ⅲ-2-08

I'd like to **make an appointment with** you **for** sometime next week.（来週のどこかに面会のお約束をいただきたいのですが）

Please **don't hesitate to** contact me.（いつでもご連絡ください）

別れる　　　　　　　　　　　　　　　　　　　Ⅲ-2-09

Nice talking with you.（お話できてよかったです）

I hope to **see you soon**.（またお目にかかれるといいですね）

3 電子メール

電子メールを書く際に使える表現を覚えておきましょう。

敬辞

Dear Mr. White [Ms. White / Mrs. White / Tom]

Dear Sir / Dear Madam / Dear Sir or Madam / Dear Sirs ✪
相手の名前が不明の時

To whom it may concern 関係各位　✪相手が特定できない時

✪通常メールの冒頭に、一般的には Dear ... のように相手の名前を書く。Mr. [Ms. / Mrs.] の後は family name を書く。first name の時はこのような敬称はつけない。

はじめにあいさつを入れる場合　　　Ⅲ-3-01

I hope this e-mail finds you well.（お元気でお過ごしのことと思います）

依頼　　　Ⅲ-3-02

Today **I am writing to ask you** ...（今日は…をお願いするためにメールを書いています）　✪メールの書き出しで依頼内容を切り出す時に使う表現。

✪相手に何か依頼をする時、Could you ... でもかまわないが、以下に挙げるようなよりフォーマルな表現があることを知っておこう。

I **would appreciate it if** you could write a recommendation letter for me.（私のために推薦状を書いていただけるとありがたく存じます）
✪後に if 節が続く場合には、appreciate の後に it を落とさないよう注意が必要。

I **would appreciate** your cooperation.（ご協力いただけるとありがたく存じます）

I **would be grateful if** you could attend the meeting on my behalf.（私の代わりに会議に出席していただけるとありがたく思います）

I **wonder if** [**whether**] you could let me know what last week's homework was.（先週の課題を教えていただけないかと思っております）　✪I was wondering if ... のように過去進行形を用いるとより丁寧な表現になる。

遺憾　　　　　　　　　　　　　　　　　Ⅲ-3-03

I **regret to** have to inform you that your application for the above position has not been successful.（上記の職に応募された件、遺憾ながら不採用となりましたことをお伝えしなければなりません）

I **am terribly sorry to** tell you that the item you ordered is out of stock now.（誠に申し訳ございませんが、注文された品物は現在在庫切れであることをお伝えしなければなりません）

❍ 相手にとって好ましくない内容のメッセージを伝えなければならない時に使う表現である。反対に好ましい内容を伝える場合は、I am pleased to ... などを用いればよい。

謝罪　　　　　　　　　　　　　　　　　Ⅲ-3-04

Sorry for the delay in replying.（お返事が遅くなってすみません）　❍ 書き出しで使う表現。

I **apologize for** any inconvenience this may cause.（ご迷惑をおかけするかもしれないことをお詫びいたします）

感謝　　　　　　　　　　　　　　　　　Ⅲ-3-05

Many thanks for your e-mail [prompt response].（メールをいただき[こちらからのメールに即座に対応していただき]、誠にありがとうございます）　❍ 書き出しで使う表現。

Thank you for your understanding and consideration.（ご理解とご配慮、ありがとうございます）

Thanks for your help.（ご助力ありがとうございます）

❍ 2つ目の表現は相手に不都合となることを知らせる時に、3つ目の表現はこれから相手に何かお願いをする時に、最後に添えて、あらかじめ感謝の気持ちを述べることもできる。その際は、Thanks in advance for your help. のように in advance を添えてもかまわない。また、同じ状況で、上の「依頼」で挙げた表現を使って I would appreciate your help. とも言える。

結びで使える表現　　　　　　　　　　　Ⅲ-3-06

Please **let me know if** you have any questions.（何かご質問があれば、どうぞお知らせください）

I **look forward to** hear**ing** from you.（お返事をお待ちしております）

❍ look forward to の to は前置詞であるので、その後の動詞句が hearing のように動名詞の形になっていることに注意する。

結辞

Sincerely (yours) / Faithfully (yours) / Yours / Best regards / Best wishes 敬具

✪ メールの最後に添える結びの言葉である。Sincerely (yours) や Faithfully (yours) は、Dear Sir [Madam] で始まる形式的なメールの結びに用いる。すでに相手を知っている場合にはややくだけた Best wishes を用いてよい。なお、Sincerely [Faithfully] yours に対して、順序を入れ替えた Yours sincerely [faithfully] はイギリス英語で用いられる。

4 議論

議論を行なう上でよく用いられる表現を学びましょう。

賛成する　　　　　　　　　　　　　　　　　Ⅲ-4-01

I completely [largely / partly] **agree with** you **that** this plan is workable. (この計画が実行可能であることについてあなたに全く[おおかた/ある程度]賛成です)

I **agree with** you **on** that point. (その点についてあなたに賛成です)

I **agree with** you **about** how to carry out the business plan. (事業計画の実行方法については、あなたに賛成です)

I **couldn't agree more**. (全くもって賛成です)　❸「これ以上無理なくらい賛成だ」の意から。

My opinion is exactly **the same as** yours. (全く同意見です)

I **feel the same way**. (同感です)

That's exactly what I have been thinking about. (それはまさに私が考えてきたことです)

Exactly. / Precisely. / Certainly. / Sure. (そのとおりです)

❸ certainly は反論につなげる前置きとしても自然: "This project will give us a big profit." "**Certainly**, but money is not everything." (「このプロジェクトは大きな利益をもたらしてくれるでしょう」「確かに、でもお金がすべてではありません」)

You are **absolutely right**. (全くごもっともです)

反対する　　　　　　　　　　　　　　　　　Ⅲ-4-02

I'm sorry, but I have to **disagree with** you on that point. (すみませんが、その点についてはあなたに反対せざるをえません)

I can't say that I agree to these conditions. (これらの条件には同意しかねます)

I'm afraid your argument is **untenable** [**not tenable**]. (残念ながら、あなたの議論は成り立たないと思います)

My view is quite **different from** yours. (私の見方はあなたの見方とかなり異なります)

It is true that this plan is possible, **but** it is too costly. (この計画が可能なのは本当ですが、コストが高過ぎます)　❌ it is true that ... は反対意見を述べるための前置きとして使われる。

I don't think that the plan is realistic. (その計画は現実的だとは思いません)

理解を示す　　　　　　　　　　　　　　　　　Ⅲ-4-03

I **got it**. / I **understood**. (わかりました)
I **see the point**. (要点がつかめました)

理解の欠如を示す　　　　　　　　　　　　　　Ⅲ-4-04

I don't quite **catch your point**. (おっしゃる論点がよくわかりません)
I cannot **make out** what the speaker is saying. (話者が何を言っているかわかりません)

詳細な説明を求める　　　　　　　　　　　　　Ⅲ-4-05

Could you **elaborate on** your idea? (あなたのお考えを詳しく述べてくださいますか)

Could you explain your standpoint **in** more **detail**? (お立場をより詳しく説明してくださいますか)

論拠を述べる　　　　　　　　　　　　　　　　Ⅲ-4-06

My claim **is based on** the following facts. (私の主張は次の事実に基づいています)

There is **ample evidence** to show that our business plan is promising. (私たちの事業計画が有望であることを示す証拠がたくさんあります)

He failed in business **for the good reason that** he knew nothing about finances. (彼は事業に失敗しましたが、それもそのはず、財政のことを何も知らなかったからなのです)

Could you give me **grounds** to believe that ...? (…と信じる根拠を挙げていただけますか)

因果関係を示す　　　　　　　　　　　　　　　　Ⅲ-4-07

This **results** [**derives** / **comes** / **stems**] **from** some unexpected cause.（これは何らかの予期せぬ原因から生じています）

The heavy rain may **cause** [**result in** / **lead to** / **bring about** / **give rise to**] a flood.（この激しい雨が洪水を引き起こすかもしれません）

The poor sales of beer could **be attributed** [**ascribed**] **to** the recent cold weather.（ビールの売れ行きが悪いのは最近の寒さのせいと言えます）

人の意見を引用する　　　　　　　　　　　　　　Ⅲ-4-08

My colleague **argues** [**claims** / **asserts**] **that** history is a science.（同僚は、歴史は科学だと主張しています）

My boss **insists that** we should buy the land. / My boss **insists on** buying the land.（上司はその土地を買うべきだと強く主張しています）

事実を示す　　　　　　　　　　　　　　　　　　Ⅲ-4-09

The enormous cost **shows** [**indicates**] **that** the plan is infeasible [not feasible].（巨大なコストが、計画の実行が不可能であることを示しています）

A recent survey **reveals that** many people hate nuclear power.（最近の調査で、多くの人が原子力を嫌っているということが明らかになっています）

The results of the current study **imply that** the universe expands forever.（最新の研究結果では、宇宙は永久に膨脹し続けると示唆されています）

The evidence **confirms** [**proves** / **verifies**] **that** it is a black hole.（この証拠により、それがブラックホールであることが証明されます）

提案する　　　　　　　　　　　　　　　　　　　Ⅲ-4-10

I'd like to make a proposal to build a new plant in Fukuoka. / **I'd like to propose that** a new plant (should) be built in Fukuoka.（福岡に新工場を建設することを提案したいのです）

I **suggest** (**that**) you leave the matter to Mr. Hall.（その件について

はホール氏に一任したほうがいいです)

関連性を述べる　　　III-4-11

Water pollution is closely [**related to** [**associated with** / **linked to** / **connected to**] our lifestyle. (水質汚濁は私たちの生活様式と密接に関係しています)

That doesn't **matter** in our argument. (それはこの議論において重要な問題ではありません)

What you say is totally **irrelevant to** the subject under discussion. (おっしゃることは審議中の話題に全く無関係です)

問題を指摘する　　　III-4-12

We **faced a number of problems** during the project. (私たちはそのプロジェクトの間、いくつかの問題に直面しました)

We **are confronted with** a financial difficulty. (私たちは財政的困難に直面しています)

The **question arises of** who will pay for the business trip. (誰が出張費を負担するのかという問題が生じます)　❸ この文では、the question を修飾する of (…という)の次に、wh- で始まる間接疑問文が続いている。of 以下が長い要素であるため、主語を修飾する部分全体が動詞 arises の後に置かれていることに注意。(自然な英語表現では、主語が長くなることを避ける傾向がある。)

注目点を述べる　　　III-4-13

We **noticed that** the price of oil had increased dramatically. (私たちは原油価格が大幅に高騰したことに注目しました)

In the presentation, we should **put** [**place**] **a great emphasis on** [our future research plan [our plans for future research]. (プレゼンテーションでは、私たちの将来の研究計画を大いに強調すべきです)

課題を述べる　　　III-4-14

This is a **debatable** point. (これは議論されるべき点です)

This point **remains to be discussed**. (この点は今後の議論にゆだねられます)

話題を転換する　　　　　　　　　　　　　　　Ⅲ-4-15

Let's **get back to the point**. （話を本筋に戻しましょう）

May I **switch the subject**? （話題を変えてもいいですか）

Turning now **to** marketing, the product is particularly promising. （さてマーケティングに話を移しますと、この製品はとりわけ有望です）

話に割り込む　　　　　　　　　　　　　　　　Ⅲ-4-16

Sorry to **interrupt** you, but there's something in what your opponent is saying. （お話し中すみませんが、相手方の言うことにも一理あります）

要約する　　　　　　　　　　　　　　　　　　Ⅲ-4-17

「**In a word** [**In short** /《フォーマル》**In sum**], the bank will reject our proposal. （要するに、その銀行は私たちの提案を拒否するでしょう）

結論を述べる　　　　　　　　　　　　　　　　Ⅲ-4-18

In conclusion, this theory is not on the right track. （結論として、この理論は妥当ではありません）

Let me conclude the argument by saying that it is extremely difficult to find a solution. （議論の締めくくりに、解決を見出すのは大変難しいと言わせてください）

5 プレゼンテーション

プレゼンテーションで使える表現を覚えましょう。もちろん、「4 議論」で学んだ表現も適宜使ってみましょう。

あいさつ　　Ⅲ-5-01

Hello, everybody. My name is Taro Itoshima. **I'm a freshman at** Kyushu University, **majoring in** law.（皆さん、こんにちは。私の名前は糸島太郎です。私は九州大学法学部の1年生です）

Thank you for giving me the opportunity to **present on** one of my favorite topics today.（本日は私が好む話題の1つについてプレゼンテーションをする機会をいただき、ありがとうございます）

テーマを提示する　　Ⅲ-5-02

Today, **I would like to [let me] talk about** global warming.（今日は、地球温暖化についてお話をしたいと思います［お話をさせてください］）

The topic I chose for this presentation is global warming.（このプレゼンテーションに私が選んだテーマは地球温暖化です）

テーマ選択の理由・背景を述べる　　Ⅲ-5-03

The reason why I chose this topic is that last summer the temperature in Fukuoka hit a record-high 40 ℃.（私がこのテーマを選んだ理由は、この夏福岡の気温が40度という記録的な暑さに達したからです）　❸ 40℃ は forty degrees Celsius と読む。

I have been interested in environmental problems.（私はこれまで環境問題に関心がありました）

議論を展開する　　Ⅲ-5-04

I will **explain** the reasons **in the following order**.（次の順序で理由を説明します）

Now I would like to explain how the emission of carbon dioxide entraps heat.（それでは、二酸化炭素の放出が熱を留めてしまう仕組みについて説明します）

First of all, I will show you ...（最初に…をお見せします）

I would like to start my presentation by showing ...（プレゼンテーションの最初に…をお見せしたいと思います）

Now let me turn to ...（さて、…の話題に移りたいと思います）

Let me go on to the next point.（次の論点に進みます）

The second [third / final] point is ...（2番目［3番目／最後］の論点は…です）

Finally, I would like to point out ...（最後に…を指摘したいと思います）

図や表を提示する　　　　　　　　　　　　　　　　　Ⅲ-5-05

Please look at this chart.（この図を見てください）

This table shows [indicates] ...（この表は…を示しています）

調査方法の説明および調査結果の報告をする　　　Ⅲ-5-06

Let me explain our research method.（私たちの調査方法を説明させてください）

I will show you how we conducted our research.（私たちの調査方法を説明します）

The results of the survey show [indicate] ...（調査結果によると…がわかります）

Based on the result of our investigation, we can say ...（我々の調査結果に基づくと、…と言うことができます）

Through the research, I learned that ...（調査を通して…を学びました）

It was quite a surprising discovery for me that ...（…ということは私にとって全く驚くべき発見でした）

結論を述べる

In conclusion [summary], ...（結論として［要約すると］…）

Based on the above arguments, we conclude ...（これまでの議論に基づいて、…と結論づけます）

I would like to conclude [finish] my presentation by saying ...（最後に…と述べて、私のプレゼンテーションを終わりたいと思います）

プレゼンテーション終了を告げる　　III-5-07

This concludes my presentation. (これでプレゼンテーションを終わります)

I would like to conclude my talk. (これで私のお話を終わります)

That is all for my presentation. (これでプレゼンテーションを終わります)

Thank you for listening [your kind attention]. (ご清聴ありがとうございました)

質問を受ける　　III-5-08

Do you have [Are there] any questions? (何かご質問はありませんか)

Does anyone have questions? (どなたかご質問はありませんか)

Now I would like to welcome questions and comments. (ここでご質問やコメントをお受けしたいと思います)

Any other questions? (他にご質問はありませんか)

質問に対応する　　III-5-09

Thank you for your question. (ご質問ありがとうございます)

That is a very good question. (とてもよいご質問ですね)

I understand your point. (おっしゃっている論点は理解できます)

Sorry, **I didn't quite catch you. Could you say it again?** (失礼ですが、よく聞こえませんでした。もう一度言っていただけませんか)

Could you say it [a little louder [a little slower / one more time]? (もう少し大きな声で[ゆっくりと / もう一度]言っていただけませんか)

Sorry, but **I didn't really catch your point.** Could you repeat your question? (申し訳ありませんが、ご質問の意味がよくつかめません。ご質問をもう一度お願いします)

6 学術・科学

基礎学術用語のうち、文理関係なく日常生活でもよく使われるものの一部を学んでみましょう。

学問分野

およそ誰でも知っていて日常生活にも登場する学問の名称です。

☐literature 文学　☐linguistics 言語学　☐philosophy 哲学　☐logic 論理学　☐ethics 倫理学　☐history 史学　☐archaeology 考古学　☐anthropology 人類学　☐sociology 社会学　☐ethnology 民族学　☐geography 地理学　☐pedagogy 教育学　☐psychology 心理学　☐law 法学　☐politics 政治学　☐economics 経済学　☐accounting 会計学　☐mathematics 数学　☐algebra 代数学　☐geometry 幾何学　☐statistics 統計学　☐physics 物理学　☐mechanics 力学　☐quantum mechanics 量子力学　☐chemistry 化学　☐mechanical engineering 機械工学　☐civil engineering 土木工学　☐electronics 電子工学　☐architecture 建築学　☐astronomy 天文学　☐seismology 地震学　☐meteorology 気象学　☐biology 生物学　☐zoology 動物学　☐botany 植物学　☐genetic engineering 遺伝子工学　☐biotechnology 生物工学　☐bioengineering 生物工学　☐medicine 医学　☐physiology 生理学　☐anatomy 解剖学　☐health science 保健学　☐the science of nutrition 栄養学　☐(the science of) nursing 看護学　☐dentistry 歯学　☐pharmacy 薬学　☐agriculture 農学

基礎科学用語

科学用語のうち数式の読み方も含めて現代生活に登場するのに意外と覚えていないものを例示しました。ほんの一部ですので、それぞれの専門分野についてのリストを作成してみましょう。

・粒子

☐atom 原子　☐molecule 分子　☐elementary particle 素粒子

・幾何

☐**triangle** 三角形　☐**square** 正方形　☐**rectangle** 長方形　☐**pentagon** 五角形　☐**octagon** 八角形　☐**cylinder** 円柱　☐**cone** 円錐　☐**(pentagonal) prism** (五)角柱　☐**(triangular) pyramid** (三)角錐　☐**sphere** 球　☐**(northern) hemisphere** (北)半球　☐**diameter** 直径　☐**radius** 半径　☐**area** 面積　☐**surface area** 表面積　☐**volume** 体積

・代数

☐**even number** 偶数　☐**odd number** 奇数　☐**three-digit number** 3桁の数　☐**equation** 方程式　☐**solution** 解　☐**function** 関数　☐**rounding** 四捨五入　☐**mean** 平均

✪ 数式の読み方: $a^5+3/(a+b)^n = (\sqrt[4]{7}+a-b) \div {}^3/_5 \times 0.33$ (*a* to「the fifth power [the power of five] plus three over the sum of *a* plus *b* to「the *n*-th power [the power of *n*] equals the fourth root of seven plus *a* minus *b* divided by three fifths multiplied by zero point three three)

・元素

☐**hydrogen** 水素　☐**carbon** 炭素　☐**nitrogen** 窒素　☐**oxygen** 酸素　☐**sodium** ナトリウム　☐**aluminum** アルミニウム　☐**calcium** カルシウム　☐**iron** 鉄　☐**copper** 銅　☐**platinum** 白金、プラチナ　☐**lead** 鉛　☐**uranium** ウラン　☐**plutonium** プルトニウム

・物質

☐**gas** 気体　☐**liquid** 液体　☐**solid** 固体　☐**compound** 化合物　☐**density** 密度　☐**concentration** 濃度

・天文

☐**(total) solar eclipse** (皆既)日食　☐**(partial) lunar eclipse** (部分)月食　☐**crescent** 三日月　☐**Mercury** 水星　☐**Venus** 金星　☐**Mars** 火星　☐**Jupiter** 木星　☐**Saturn** 土星　☐**Uranus** 天王星　☐**Neptune** 海王星　☐**Pluto** 冥王星　☐**the Polar Star** 北極星　☐**the Milky Way** 天の川　☐**comet** 彗星　☐**meteor** 流星　☐**galaxy** 銀河　☐**constellation** 星座　☐**asteroid** 小惑星

- **力学**

  ☐motion 運動　☐acceleration 加速度　☐gravity 重力　☐mass 質量

- **地震**

  ☐seismic intensity scale 震度　☐magnitude マグニチュード　☐tsunami 津波　☐aftershock 余震

- **原子力**

  ☐nuclear reactor 原子炉　☐nuclear fission 核分裂　☐nuclear fusion 核融合

- **気象**

  ☐typhoon 台風　☐landslide 山崩れ　☐snowslide 雪崩　☐rainfall 降雨量

- **環境**

  ☐global warming 地球温暖化　☐greenhouse effect 温室効果　☐endangered species 絶滅危惧種

- **パソコン**

  ☐extraction 解凍　☐numeric keypad テンキー　☐touch typing ブラインド・タッチ

- **部品**

  ☐screw ねじ　☐nail 釘　☐hinge ちょうがい　☐gear wheel 歯車　☐concave lens 凹レンズ　☐convex lens 凸レンズ

- **電気**

  ☐semi-conductor 半導体　☐circuit 回路

- **動物**

  ☐mammals 哺乳類　☐primates 霊長類　☐reptiles 爬虫類　☐amphibians 両生類

- **植物**

  ☐pollen 花粉　☐bulb 球根　☐seed 種　☐stem 茎　☐root 根　☐petal 花びら　☐photosynthesis 光合成

・薬

□**digestive medicine** 消化薬　□**painkiller** 鎮痛剤　□**sleeping pill** 睡眠薬　□**prescription** 処方箋

・人体

□**sole** 足の裏　□**ankle** くるぶし　□**shin** 向こうずね　□**calf** ふくらはぎ　□**thigh** もも　□**eyelash** まつげ　□**eyebrow** まゆげ　□**eyelid** まぶた　□**index finger** 人差指　□**ring finger** 薬指

・症状

□**diarrhea** 下痢　□**constipation** 便秘　□**cancer** 癌　□**hypertension** 高血圧　□**diabetes** 糖尿病　□**stroke** 脳卒中　□**heart failure** 心不全　□**nearsightedness** 近視　□**burn** やけど　□**fracture** 骨折

7 時事（英字新聞など）

環境

- **agenda** 実践すべき義務、議題
- **carbon dioxide emission** CO2排出量
- **carpooling** 車の相乗り
- **climate change** 気候変動
- **contaminated soil** 汚染された土壌
- **ecosystem** 生態系
- **environmental disruption** 環境破壊
- **endangered species** 絶滅危惧種
- **fossil fuel** 化石燃料
- **fuel cell** 燃料電池
- **garbage-free society** ゴミのない社会
- **global warming** 地球温暖化
- **greenhouse gas** 温室効果ガス
- **industrial waste** 産業廃棄物
- **natural resource** 天然資源
- **renewable energy** 再生可能エネルギー
- **solar cell** 太陽電池
- **sustainable** 持続可能な

技術

- **artificial intelligence** 人工知能
- **cloning technique** クローン技術
- **energy-saving technology** 省エネ技術
- **eco-friendly home appliances** エコ家電
- **genetic engineering** 遺伝子工学
- **gene manipulation** 遺伝子操作
- **genetically modified food** 遺伝子組み換え食品
- **high [state-of-the-art] technology** 先端技術
- **humanoid robot** 人型ロボット
- **nanotechnology** ナノテクノロジー
- **surf the Internet** ネットサーフィンをする
- **nuclear power plant** 原子力発電所
- **quake-absorbing structure** 免震構造
- **space satellite** 人工衛星
- **telecommute** （情報端末を使い）在宅勤務する
- **weather [meteorological] satellite** 気象衛星

国際問題

- **airspace incursion** 領空侵犯
- **anti-Japanese sentiment** 反日感情
- **anti-whaling nation** 反捕鯨国
- **bilateral meeting** 2国間協議
- **biological diversity** 生物多様性
- **commercial whaling** 商業捕鯨
- **counterdemonstration** 反対デモ
- **democratic movement** 民主化運動
- **developed nation** 先進国

☐developing nation 発展途上国　☐development aid 開発援助
☐economic aid 経済援助　☐economic cooperation 経済協力
☐economic friction 経済摩擦　☐economic sanction 経済制裁
☐emerging countries 新興国　☐financial [food / technical] assistance 財政［食料 / 技術］支援　☐historical issue 歴史問題
☐indiscriminate terrorism 無差別テロ　☐international conflict 国際紛争　☐international contribution 国際貢献　☐international relations 国際関係　☐living standard 生活水準
☐multi-ethnic country 多民族国家　☐official language 公用語
☐pros and cons 賛否両論　☐racial discrimination [segregation] 人種差別　☐refugee camp 難民キャンプ　☐risk management 危機管理　☐starvation 飢餓　☐territorial issue 領土問題

教育

☐academic background [career] 学歴　☐alumnus 卒業生
☐autumnal admission [enrollment] 秋入学　☐bullying suicide いじめ自殺　☐cheating カンニング　☐classroom collapse 学級崩壊　☐compulsory [optional] subjects 必修［選択］科目　☐cram-free education ゆとり教育　☐deviation value 偏差値　☐doctorate 博士号　☐foreign [international] student 留学生　☐graduate school 大学院　☐information literacy 情報リテラシー
☐lifelong learning 生涯学習　☐master course 修士課程
☐scholarship (fund) 奨学金　☐self-responsibility 自己責任
☐undergraduate 学部生　☐university-industry research collaboration 産学連携

索　引

太字の数字は、見出しとして採録されているページ数を表わす。

A

ability 96
abolish 4, 121
abolition 85
abrupt **45**
absolute **45**
absolutely right 148
absorb 4
absorption 85
abstract **45**
absurd 47
abundant 47
abuse 4
academic background [career] 161
acceleration 158
accept 120
acceptable 47
acceptance 85
access 85
accommodate **2**
accommodation 2
accomplishment 85
account for ... 127
accounting 156
accumulate 4
accumulation 85
accuracy 45
accurate **45**
accustom **2**
achievement 85
acid **45**
acidity 45
acknowledge **2**
acknowledg(e)ment 2
acquaint 84
acquaintance **84**
acquisition 85
acute 47
adapt **2**
adaptation 2
add up 132
adequate 46
adhere **3**
adjust **3**
adjustment 3
administer 4
administration 85
admiration 3
admire **3**
admission 85
admit 2, 138
adopt 2
adore 4
advance 126, 146
affection **84**
affiliate **3**
affiliation 3
aftershock 158
agenda 160
aggressive 47
agree 9, 148
agriculture 156
aid **84**
aim for ... 126
airspace incursion 160
alert 47
algebra 156

alkaline 45
alliance **84**
allot **3**
allow for ... 130
allowance 85, 130
alter 24
alternate **3**
alternation 4
alternative 4
aluminum 157
alumnus 161
amazement 85
ambiguity 46
ambiguous **46**
ambition 85
ambitious 47
amend 24
amendment **84**
amphibians 158
ample evidence 149
amusement 85
anatomy 156
anger 27
ankle 159
announce 125
annoy 22, 27
annoyance 85
annual 47, 83
answer ...'s question properly 143
anthropology 156
anticipation 85
anti-Japanese sentiment 160
anti-whaling nation 160
anxiety 85
apologize for ... 146
apology **84**
apparatus 85
appeal 85
applaud 3

applause 85
appoint 11
appreciate 3, 145, 146
appreciation 85, 97
appropriate **46**
approval **85**
approximate 47
apt **46**
arbitrary 47
archaeology 156
architecture 85, 156
area 157
argue 150
argument 90, 152, 154
arise 120
arithmetic 85
arouse **4**
artificial intelligence 160
as far as ... is concerned 120
as for ... 120
as it comes **119**
as it is 119
as regards ... 121
as to ... 120
ascribe 150
ask 34, 143
ask a question 143
aspect 85
assent 9
assert 150
assertion 85
assessment 85
associate ... (with ~) 23, 151
assume 4, 133
assumption 85
assurance 85
assure 4, 17
assured 47
asteroid 157

astonishment 85
astronomy 85, 156
athletics 85
atom 156
attach **4**
attach (great) importance to ... 131
attach no importance to ... 131
attachment 4
attack 126
attainment 85
attendance 85
attention 155
attraction 85
attribute **4**, 150
authentic 47
authorize 4
autumnal admission [enrollment] 161
availability 46
available **46**
avoid 128
aware 49
awkward 47

B

bald 47
ban 30
barbarous 47
bargain **85**
barrier **85**
basic 55, 81
(be) based on ... 149, 154
be beneficial to ... 121
be born and brought up 142
be composed of ... 7
be different from ... 148
be done with ... **121**
be held 133
be important 130

be in the ... club 140
be in the ... year 136
be interested in ... 127, 142, 153
be irrelevant to ... 151
be keen on ... 127
be made up of ... 7
be happy to do 143
be pleased to do 146
be proud (of ...) 5
be successful (in ...) 123
be sorry to do 146
beam 87
bear ... in mind 129, 133
bear a resemblance to ... 132
begin 120
belong to 140
benefit 87
bent **47**
Best regards 147
Best wishes 147
bet **5**
betray 86
betray ... (to ~) 125
betrayal **86**
bid 87
bilateral meeting 160
bioengineering 156
biography 87
biological diversity 160
biology 87, 156
biotechnology 156
bitterness 87
blame 34
blank 47
bless 5
blessing 87
blow up 127
blunt 47
boast **5**

boost **86**
boot up 138
bore 5
borrow 139
botany 156
bother 17, 22
brag (about ...) 5
breach **86**
breadth 87
break away from ... **116**
break down 86, **116**
break in **116**
break in on ... **116**
break off **117**
break out **117**
break through ... **117**
break up **117**
break up with ... **117**
breakdown **86**, 116
bribe 87
bribery **86**
brilliant **47**
bring ... around [《英》round] **118**
bring ... into being **118**
bring ... to mind 32
bring about **117**, 150
bring back **118**
bring forward **118**
bring together **118**
bring up **119**
brisk 47
broaden **5**
bruise 5
brutal 47
bulb 158
bulk 87
bulletin 87
bulletin board 139
bullying suicide 161

bunch 87
burden **86**
burn 159
burst 127
burst through ... 117
butt in on ... 116

C

cafeteria 140
calcium 157
calculate 10
calculation 89
calf 159
call ... to mind 32
campaign 89
can do with ... **121**
cancellation 89
cancer 159
candid 52
capability 89
capacity 89
capricious 52
captivate 15
carbon 157
carbon dioxide emission 160
carpooling 160
carry on 129
carry on with ... 126
carry out 128
cast 10
casual 61
catastrophe 89
catch 155
catch ...'s point 149, 155
catch up on ... 129
categorize 6
category 89
cause 118, 150
caution 89

cautious 52
cease 117
ceiling 89
celebration 89
Certainly. 148
certificate 89, 91
chair 29
chaos 89
characteristic 89, 96
characterization 5
characterize **5**
charity 89
charm 15, 89
chart 154
cheating 161
check 20, 127
chemistry 89, 156
cherish 10
childish 59
chore 89
circuit 158
circulation 89
citation 89
cite 10, 31
civil engineering 156
civilize 10
claim 150
clash 10, 89
classic 52
classical 52
classification 6
classify **5**
classroom collapse 161
climate change 160
cling **6**
cloning technique 160
clue **87**
clumsy 52
coarse 52

coincide 87
coincidence **87**
collapse **87**, 116
collective 52
collide 10
collision 89
colonial 52
combat 10, 89
combination 89
combine 21
come about 120
come across ... **119**
come down on ... **119**
come from ... 150
come into being **119**
come into one's own 122
come out with ... **120**
come through ... **120**
come to **120**
come to fame 131
come to oneself **120**
come to terms with ... **120**
come up **120**
comet 157
commemorate 47
commemoration 48
commemorative **47**
commence 10
commencement 138
commercial whaling 160
commitment **87**
commonplace **48**
communicate ... (to ~) 123
commute 10
comparable **48**
comparative **48**
compare 48
comparison 48
compel **6**

compensate **6**
compensation 6
competence 89
competent 52
competitive 52
complaint 89
completion 89
complexity 89
compliance 6
complicate 10
comply **6**
component 89
composition 89
compound 157
comprehend 131
comprehensible 48
comprehension **87**
comprehensive **48**
compress 10
compression 89
comprise **6**
compromise **88**
compulsory 6
compulsory subjects 161
concave lens 158
conceal 10, 129
concede 10
conceivable 7, 59
conceive **7**
concentrate **7**
concentration 7, 157
concept 89
conception 7
concerning ... 121
conclude 154
conclude one's presentation 154, 155
conclude one's talk 155
conclude the argument 152

concrete 45, 52
condemn **7**
condemnation 7
condense 10
conditional 52
cone 157
confer 10
confession 89
confide 10
confidence 49
confident **48**
confidential **49**
confine **7**
confirm **8**, 17, 150
confirmation 8
conflict **8**
conform **8**
conformity 8
confront **8**, 151
confuse **8**
confused 8
confusion 8
congratulate **9**
congratulation 9
connect 151
conquer 124
conscience 49
conscientious **49**
conscious **49**
consciousness 49
consecutive **49**
consent **9**
consequence 104
conservation 89
conservative **49**
consider 50, 130
considerable **50**
considerate **50**, 79
consideration 50, 130

considering ... 126
consist of ... 7
consistency 50, **88**
consistent **50**
console 10
consolidate 21
conspicuous **50**
constellation 157
constipation 159
constitute 88
constitution **88**
constructive 52
consultation 89
consume 10
consumption 89
contaminated soil 160
contemplate 10
contemplation 89
contemporary 52
contempt 89
contend **9**
contentment 89
context 89
continuation 89
continue 127, 129
continue doing 127, 129
contour 89
contract 10
contradict 8, 88
contradiction **88**
contribute **9**
contribution 9
controversy **88**
convenience 89
convention 89
conversion 89
convert 10
convex lens 158
convey 10

convey ... (to ~) 123
conveyance 89
conviction 89
convince 19
convince ... (of ~) 118
convinced **50**
convincing 50
cooperation 89
cooperative 52
coordinate 10
coordination 89
cope **9**
cope with ... 120
copper 157
cordial 52, 58
core 89
correct 45
correction 89
correlation **88**
correspondence **88**
corresponding **51**
corrupt **51**
corruption 51, 89
costly 52
could do with ... **121**
couldn't agree more 148
countenance 89
counterdemonstration 160
counterpart **89**
courage 51
courageous **51**
courteous 52
courtesy 89
coverage 89
cram-free education 161
crash 89
crazy (about ...) 63
create 16, 118
creation 89

credit 89, 137
crescent 157
crisis 89
crucial **51**
crude 52
cruelty 89
crush 10
cultivation 89
cultural society 140
curiosity 89
curious 52
currency 89
curse 10, 89
customary 52
cut in on … 116
cycle 89
cylinder 157
cynical 52

D

deal with … 9
Dear 145
Dear Madam 145
Dear Sir 145
Dear Sir or Madam 145
Dear Sirs 145
debatable 151
debate **90**
decay 12, 93
deceive 12
decency 93
decent 53
deception 93
decided on … 137
decisive 53
declaration 93
decline **10**
decorate 12
decoration 93

decrease 36, 93, 99
decree 93
dedicate **10**
dedication 10
deduction 93
defect **90**
defend 133
defensive 53
defer 29
deficiency 90
definition **90**
defy 12, 32
delay in doing 146
deliberate **52**
deliberate on … 33
deliberation 52
delightful 53
delivery **90**
democratic movement 160
demonstrate 18
denial **90**
denounce **11**
density 93, 157
dentistry 156
denunciation 11
deposit 12
depress 90
depression **90**
deprive **11**
derive from … 37, 150
desert 12
designate **11**
designation 11
desire 24
desperate 53
despise **11**
destination 93
destiny 93
detach 12

detect 12
developed nation 160
developing nation 161
development aid 161
deviation value 161
devoted **52**
devotion 93
diabetes 159
diagnosis **90**
diameter 157
diarrhea 159
dictate 12
dictation 93
differentiate 12
digestion **91**
digestive medicine 159
dignity **91**
diligent 53, 57
dimension 93
diminish 12
diploma **91**
diplomacy **91**
disadvantage **91**
disagree 91, 148
disagreement **91**
disappoint 91
disappointment **91**
disapproval 11
disapprove **11**
disaster 93
discharge 12, 93
disclose 12
disclosure 93
discount **92**
discretion 93
discriminate **11**
discrimination 12
discussion 90
disguise 12

disgust **92**
dismissal 93
disobey 32
disorder **92**
disorderly 69
dispatch 12
dispense with ... 122
disperse 117
displease 12
disposal 12
dispose **12**
disposition 93
dispute 12, 90
dissatisfaction 93
dissolve 12
distinguish 12
distort 12
distortion 93
distress 12, 93
distribution **92**
disturbance 93
diverse **52**
diversity 52
divert 12
divorce 93
do ... good **121**
do ... justice **122**
do ... over **122**
do away with ... **121**
do harm **121**
do justice to ... **122**
do justice to oneself **122**
do oneself justice **122**
do without ... **122**
doctorate 161
doctrine 93
domestic 53
dominate 12
donate 92

donation **92**
doubtful 53
download 139
downloadable 139
drain 12
draw back 35
drift 12
drill 12
droop 12
drown 12
dubious **53**
dump 12
duration 93

E

eagerness 105
earlier 71
eco-friendly home appliances 160
economic **53**
economic aid 161
economic cooperation 161
economic friction 161
economic sanction 161
economical **53**
economics 156
economy 53
ecosystem 160
efficiency **93**
efficient 93
elaborate **12**, 13, 149
elaboration 12
elastic 55
elective course 137
electronic 55
electronic bulletin board 139
electronics 156
elegant 55, 56
element 95
elementary particle 156

eligible **53**
eliminate 14
elimination 95
eloquent 55
e-mail 139
e-mail address 139
embarrassed **54**
embarrassing 54
embrace 14
emerge **13**
emergence 13
emerging countries 161
eminent 55
emit 125
emphasis **93**, 151
emphasize 93, 131
emphatic **54**, 93
employment **93**
enclose 14
encounter 14, **93**, 119
encourage 20
encourage ... to do 37
encouragement 95
end in ... 118
endangered species 158, 160
endeavor,《英》endeavour **13**
endurance 95
energy-saving technology 160
enforce 14
engender 118
enhance 17
enlarge **13**
enormous 55
enroll,《英》enrol 14, 33, 137
enrollment ceremony 138
ensure **13**
enter 138
enthusiasm **94**, 105
enthusiastic (about ...) 63

entitle **13**
entrance ceremony 138
envious **54**
environmental disruption 160
envy 14, 54
equal 54
equality 95
equation 95, 157
equivalence 54
equivalent **54**
era 95
erase 14
escort 14
essence 95
essential 55
establishment 96
esteem 95
estimate 14
estimation **94**
eternal 55
ethical 55
ethics 156
ethnology 156
evaluate 14
evaluation **94**
evaporate 14
even number 157
evident 55
evolution 95
evolve 14
exact 45
Exactly. 143, 148
exaggerate 14
exaggeration **94**
examine 127
exceed 14
excel 14
excess 55, 95
excessive 55

exclamation 95
exclude **14**
exclusion 14
exclusive 14
execute 14
execution 95
exhaust 14
exhaustion **94**
exhibit 14
exhibition 95
expansion 95
expedition 95
expel 14
expenditure **94**
expense 94
experience 128
experiment **14**
explain 127, 153, 154
explicit **54**, 60
explode 127
exploit 14, 132
exploration 95
explosion 95
explosive 55
export **94**
exposure **95**
expressive 55
extensive 55, 60
external 55
extraction 158
extraordinary 55
eyebrow 159
eyelash 159
eyelid 159
eyesight **95**

F

face 8, 151
facilitate **15**

facility **95**
faculty **95**
fade 16
fail 138
faint 56
faithful 56
Faithfully (yours) 147
familiarity 97
fancy 97
fantasy 97
fare **96**
fascinate **15**
fascinating 15
fascination 15
fasten 16
fatal 56
fatigue 97
fault 90
fearful 56
fearless 56
feasible 150
feature **96**
fee **96**
feeble 56
feel the same way 148
fellowship 97
female 56
fertile 56
feverish 56
fierce 56
figure out 131
final exam 138
finally 154
finance **96**
financial 55
financial assistance 161
finish one's presentation 154
finite 56
first of all 153

first-year student 136
fiscal **55**
fixed 56
flaw 90
flexible 56
flock 97
flourish 16
fluency **96**
fluent 96
fluid 56, 97
focus **15**
follow **15**, 29
food assistance 161
for the good reason that 149
forbid 30
force 6
force an entry into ... 116
forecast **15**
foreign student 161
forgetful 56
formula 97
formulate 16
formulation 97
fossil fuel 160
foundation **96**
fourth-year student 136
fracture 159
fragile 56
fragment 97
frail 56
framework 97
frank 56
frantic 56
frequency 97
frequent 56
fresher 136
freshman 136, 142, 153
freshperson 136
friction **97**

fright   97
frightful   56
fruitful   56
frustrate   16
frustration   97
fuel cell   160
fulfillment,《英》fulfilment   97
function   157
functional   56
fundamental   **55**, 81
furious   56
furnish   **16**
fury   97
fuss   **97**

G

galaxy   157
garbage-free society   160
gas   157
gasp   17
gear wheel   158
gene manipulation   160
general   16
generalization   16
generalize   **16**
generate   **16**, 118
generation   16
generosity   56
generous   **56**
genetic engineering   156, 160
genetically modified food   160
gentleness   98
genuine   **56**
geography   156
geometry   156
get (a) hold of ...   **124**
get across   **123**
get ahead   **123**
get ahead of ...   **123**

get at ...   **123**
get back to ...   **123**
get back to the point   152
get broken   116
get by   130
get down to ...   **123**
get in touch with ...   124
get it   149
get over ...   **124**
get rid of ...   121
get through ...   120
get to work (on ...)   124
gift   96
give away   **124**
give in to ...   39, **125**
give off   **125**
give out   **125**
give rise to ...   150
give way to ...   **125**
given ...   **125**
given that S+V   **126**
glimpse   **97**
global   17
global warming   158, 160
globalization   17
globalize   **16**
glory   98
go after ...   126
go ahead with ...   **126**
go for ...   **126**
go in for ...   **126**
go into ...   **127**
go off   **127**
go on   **127**
go on doing   **127**, 129
go on to ...   154
go on with ...   **127**
go over ...   **127**
go through ...   **128**

go through with ...   **128**
go to work (on ...)   124
go together   **128**
go wrong   116
grace   56, 57
graceful   **56**
gracious   **56**
gradual   57
graduate   138
graduate school   161
graduation ceremony   138
grammatical   57
grateful   **57**, 145
gratitude   **97**
grave   57
gravity   98, 158
greedy   57
greenhouse effect   158
greenhouse gas   160
grief   **97**
grieve   98
gross   57
grounds   149
group   6
grumble   17
guarantee   **17**
guilty   **57**

H

hand in ...   138
hand out   125
hand over   133
handle   9
happen   120
harass   **17**
harassment   17
hardship   **98**
hardworking   **57**
harmful   **57**

harmonious   58
harsh   **57**
hasten   17
hasty   58
hatred   92, 98
haunt   17
have a bad effect   122
have a part-time job as ...   141
have a quick question for ...   143
have finished   121
hazard   98
heal   17
health science   156
heap (up)   37
heart failure   159
hearty   **58**
heighten   **17**
helpless   58
hemisphere   157
herd   98
heritage   **98**
hesitate to do   144
hide   129
high technology   160
hindrance   98, 103
hinge   158
hint   18
hint at ...   123
historic   **58**
historical issue   161
history   156
hold back   129
homeless   **58**
homemade   58
honorable,《英》honourable   58
honorary   58
horizontal   58
horrible   58
horror   98

hostage 98
hostility **98**
hourly wages 141
household chore 98
housekeeping 98
housework **98**
hover 17
huge 60
humane 58
humanity 98
humanoid robot 160
humble **58**, 66
humid 58
humidity 98
humility 58
hustle 17
hydrogen 157
hypertension 159
hypocrisy 98

I

I guess so. 143
I see. 143
identical **59**
identification 18
identify **18**
identity 18
idle 63
idol 100
if I may ask 143
if S+V 126
ignorance 59
ignorant **59**
illegal **59**, 64
illuminate 23
illusion **99**
illustrate **18**
illustration 18
imaginable **59**

imaginary **59**
imitate 23
imitation 100
immature **59**
immense **59**
immoral 63
immortal 63, 66
immune 63
impatient **60**
imperative **60**
implication 18
implicit 55, **60**
implore 23
imply **18**, 36, 150
impose **18**
impress **18**
impression 19
impulsive **60**
in a word 152
in advance 146
in conclusion 152, 154
in detail 149
in respect of ... 121
in short 152
in sum 152
in summary 154
in the following order 153
inability **99**
inappropriate 46
incentive 102
inclination **99**
inclined (to do) 46
inclusion **99**
inconvenience 146
incorporate **19**
incorporation 19
increase **99**
incredible **60**
index finger 159

indicate **19**, 150, 154
indication 19
indifference 61
indifferent **60**
indignant 63
indiscriminate terrorism 161
indispensable **61**
induce **19**
indulge 23
industrial 63
industrial waste 160
industrious 57
inevitable **61**
infantile 59
infeasible 150
infect **19**
infection 19
inferior **61**
infinite 63
inflict 23
influential 63
inform 26
informal **61**
information literacy 161
ingenious 63
ingredient 100
inhabit **19**
inherit **19**
inheritance 20
initiative **99**
injection 100
injustice 100
innocence 61
innocent 57, **61**
innovation 100
innumerable 63
inquiry **99**
insane 63
insert 23

insight 100
insist 150
insistence 62, **100**
insistent **61**
inspect **20**
inspection 20
inspire **20**
install **20**
installation 20
instinct **100**
instruct 23
insult 100
insurance 20
insure **20**
intake 100
integral 61
integrate **20**
integration 21
intend **21**
intense **62**
intensity 62
intensive **62**
intention 21
intentional 21
interchangeable **62**
interdisciplinary **62**
interfere **21**
interference 21
intermediate **62**
internal 63
international conflict 161
international contribution 161
international relations 161
international student 161
interpret **21**
interpretation 21
interrupt **21**, 116, 152
interruption 22
intervene **22**

intervention 22
intimate 63
intricate 63
introduce ... to ~ 142
introduce oneself 142
intrude **22**
intrude on [upon] ... 41
intrusion 22
intuition 100
invade 22
invasion 100
invest 100
investigate 20, 127
investigation 154
investment **100**
involve **22**
involvement 22
iron 157
ironic 63
irony 100
irrational 72
irregular 63
irrelevant 73, 151
irresponsible **62**
irritate **22**, 27
irritation 22
issue **22**
itch **100**
itchy 100

J

jam 23, 100
jealous 54, 63
jealousy 100
join a club 140
jolly 63
joyful 63
judicial **63**
junior 136

Jupiter 157
justification 23, **100**
justified 23, **63**
justify **23**

K

keen **63**, 70, 83, 127
keep (on) doing 127, **129**
keep ... in mind **129**, 133
keep ... secret 129
keep ... to oneself **129**
keep away from ... **128**
keep back **128**
keep to ... 3
keep up **129**
keep up with ... **129**
kindhearted **63**

L

landing 101
landscape 101
landslide 158
last 127
lasting 65
latitude 101
law 156
lawful 64
layer 101
lead 157
lead to ... 118, 150
leak **101**
lean 65
learned 65
leave 101
legal **64**
legend 101
legendary 65
legible 65
legislate **23**

legislation 23
legislative 65
legislature 101
legitimate **64**
lengthen 24
lengthy **64**
lessen 24
lesser 65
let me know if 146
liable **64**
liable (to do) 46
liberal 65
liberalization 101
liberalize 24
liberate 101
liberation **101**
lifelong learning 161
lifetime 101
like 127
likelihood 101
likely (to do) 46
limit 7
limitation **101**
linguistics 156
link **23**, 151
liquid 157
literacy 65
literal **64**
literate **65**
literature 156
livelihood 101
lively 65
living 65
living standard 161
local 65
location 101
logic 156
logical 65
lonely 65

long **24**
longitude 101
look at ... 154
look down on ... 11
look forward to (doing) 146
lovely 65
loving 65
loyal **65**
loyalty 65, **101**
lunar eclipse 157
lunch special 140
luxurious 65
luxury 101

M

magnificent 67
magnify 25
magnitude 102, 158
main subject 137
maintain 129
major 137, 153
make (both [two]) ends meet **130**
make ... understand ~ 123
make a difference **130**
make a mess of ... **130**
make a proposal to do 150
make allowance(s) for ... **130**
make an appointment with ... 140
make an appointment with ... (for ~) 140, 143
make an effort (to do) 37
make believe (that) S+V **130**
make contact with ... 124
make good **130**
make light of ... **131**
make little of ... 131
make much of ... **131**
make no difference 130
make nothing of ... **131**

179

make out **131**, 149
make sense **131**
make sure 13
make up for ... 6
make use of ... **132**
male 67
mammals 158
manage 130
manifest 67
manifestation 102
mankind 102
manual 67
manufacture 102
manuscript 102
Many thanks for ... 146
Mars 157
marvelous 67
mass 158
massive 67
master course 161
masterpiece 102
mastery **101**
match 128
mathematics 156
matter 151
matter (much [a great deal / a lot]) 130
mature 67
maturity 102
mean [動] 21, 36
mean [形] 67
mean [名] 157
meaningful 67
meaningless 67
mechanical engineering 156
mechanics 156
meddle **24**
mediate 25
medicine 156

medieval 67
medium 67
meet ... by chance 119
memorial 67
memorize 25
menace 102
merciful **65**, 102
merciless 65
Mercury 157
mercy **102**
merge **24**
merger 24
mess **102**, 130
meteor 157
meteorological satellite 160
meteorology 156
methodology 102
metropolitan 67
mid-term exam 138
Milky Way 157
minority **102**
minus 67
mischievous 67
miserable **65**
misery 65
misfortune 102
mislead **24**
misleading 24
missing **66**
mission 102
misunderstand 25
misunderstanding 102
mixed 67
moan 25
mobile 67
mock 25
mode 102
moderate **66**
modest 58, **66**

modesty 66
modification 25
modify **24**
moist 67
moisture 102
mold,《英》mould **25**
molecule 156
monopolize 25
monopoly 102
monotonous 67
monstrous 67
monumental 67
morale 102
morality 102
mortal **66**
mortgage 102
motion 158
motivate **25**
motivation 25, **102**
mount 25
mourn 25
mow 25
multi-ethnic country 161
multiple 67
multiplication 102
multiply 25
multitude 102
municipal 67
muscular 67
mutual **66**

N

nail 158
naive 68
naked 68
nanotechnology 160
narrate **25**
narration 25
narrative 25

nasty 68
native 68
natural resource 160
naughty 68
naval 68
navigation 103
nearby 68
nearsightedness 159
neat 68
necessary 60
need 121
negative 68
neglect 26
negligent 68
negotiable 26
negotiate **25**
negotiation 26, **102**
Neptune 157
nervous **67**
net **67**
neutral **67**
nip 26
nitrogen 157
nominate 11, **26**
nomination 26
northern hemisphere 157
notable 68
note **26**
noted 26
notice 151
noticeable 68
noticeboard 139
notify **26**
notion **103**
notorious 68
nourish **26**
nourishment 26
novel 68
nuclear **67**

nuclear fission 158
nuclear fusion 158
nuclear power plant 160
nuclear reactor 158
nuisance **103**
numb **67**
numeric keypad 158
numerous 68
nurse 26
nursing 156

O

oath 104
obedience 68
obedient **68**
object 103
objection **103**
objective 77
obligation 68, **103**
obligatory 103
obliged **68**
oblivion 104
obscure 46, 69
observance 104
obstacle **103**
obstruct 27
obvious 69
occasional 69
occupation 104
occur 120
occurrence 104
octagon 157
odd 69
odd number 157
odds 104
Of course. 143
offend **26**
offense,《英》offence 27, 68
offensive 27, **68**

office 140
office hours 140
official language 161
omission 27
omit 14, **27**
on-line catalogue 139
only 76
opponent 104
opposition **103**
oppress 27
oppression 104
optimism 68
optimistic **68**
optional subjects 161
orbit **104**
orderly **69**
ordinary 48
organization 104
oriental 69
orientation 104
origin 27
original 27
originate **27**
ornament 104
orthodox 69
outbreak 104
outcome **104**
outlive 27
outrage **104**
outrageous 69
outstanding 69
outward 69
overall **69**
overcome 124
overflow 27
overlap 104
overlook **27**
overnight 69
overseas **69**

overtake 27, 123
overthrow 27, 104
overturn 27
overwhelm 27
overwhelming **69**
owe 4
oxygen 157

P

page 31
painkiller 159
pant 31
parallel **28**, **69**
parallelism 69
paralyse,《英》paralyze 31
part company with ... 116, 117
part from ... 116
partial 71
partial lunar eclipse 157
participate in ... 127, 133
participation **104**
partnership **104**
part-time 141
pass (an examination) 138
passing 71
passion 94, **105**
passionate **69**, 105
passive 71
pedagogy 156
penalty **105**
penetrate **28**
penetration 28
pentagon 157
pentagonal prism 157
perceive **28**
perception 28
perfection 106
perish 31
perpetual 71

perplex **28**
persecute 31
persecution 106
persist **28**
persistence 28
persistent 28, **70**
personnel 106
persuade 19
persuade ... (into ~) 118
persuasion 106
pertinent **70**
pessimistic 68
petal 158
pharmacy 156
phase 106
phenomenon 106
philosophy 156
photosynthesis 158
physics 156
physiology 156
pierce 31
pile (up) 37
pinch 31
place (an) emphasis on ... 151
plain 71
platinum 157
play down 131
plea 106
plead 31
pledge 31
plentiful **70**
plunge **28**
plural 71
Pluto 157
plutonium 157
poetic 71
point 149, 152, 154, 155
pointed 71
poisonous 71

poke 31
Polar Star 157
politics 156
poll **105**
pollen 158
pollute 31
pollution 106
portable 71
portion 106
pose 106
position 143
positive 71
postal 71
postpone **29**
postponement 29
posture 106
potential **70**
potentiality 70
preach 31
precaution **105**
precede 15, **29**
precedence 29
precedent 29
preceding 29
precise 45
Precisely. 148
precision 106
preclude 31
predict 15, **29**
predictable 29
prediction 29
preferable **70**
preference **105**
pregnant 71
prejudice **105**
preliminary **70**
preparatory 70
prescribe 106
prescription **105**, 159

present 118, 153
presentation 106, 153, 154, 155
preservation 106
preside **29**
presidential 71
press on with ... 126
prestige 106
presume **30**
presumption 30
presumptive 30
pretend (that) S+V 130
pretense 106
prevalent **70**
prevention 106
previous **71**
primates 158
prime 106
primitive 71
prior 71
prism 157
privilege 106
probability 106
procedure 106
proceed with ... 126
proclaim 31
proclamation 106
produce 16, 118
productive 71
profitable 71
profound 71
progressive 71
prohibit **30**
prohibition 30
project **30**
projection 30
prolong 31
prominent 71
promising **71**
promote 31

prompt   71
pronunciation   106
proper   46
proportion   106
propose   150
proposition   106
pros and cons   161
prosecute   **30**
prosecution   30
prospect   71
prospective   **71**
prosperity   106
prosperous   71
protective   71
protest   **30**, 31
prove   150
provision   106
provisional   79
provoke   31
psychological   71
psychology   156
publicity   106
publish   22
pull back   35
punishment   106
purity   106
pursuit   **106**
put (an) emphasis on ...   151
put off   29
puzzle   31
pyramid   157

Q

quaint   72
quake-absorbing structure   160
qualification   **106**
qualified   **71**
qualitative   72
quality   107
quantitative   72
quantity   107
quantum mechanics   156
queer   72
question   143, 151, 155
questions and comments   155
quotation   31, **106**
quote   **31**

R

racial   74
racial discrimination [segregation]   161
radiant   74
radiate   **31**
radiation   31
radical   74
radius   157
rage   **107**
ragged   74
raid   **107**
rainfall   158
raise   119
random   74
rapture   **107**
ratio   **107**
rational   **72**
reactionary   74
read   137
realization   **107**
realm   **107**
rear   74
reasoning   109
reassure   35
rebel   **31**
rebellion   32
rebellious   32
rebuild   35
rebuke   34, 119

recall 32, 109, 118, 129
recite 35
reckless 74
recognize 2, 35
recollect **32**, 129
recollection 32
reconcile 108, 118
reconciliation **108**
reconstruct 35
reconstruction 109
recover from ... 124
rectangle 157
reddish 74
redo 122
reduce **32**
reduction 32
refectory 140
refine **32**
refined 32, 56
refinement 32
reflect **32**
reflection 33
refrain **33**
refugee camp 161
refusal 33
refuse 10, **33**
regain consciousness 120
regarding ... 121
regime 109
regional 74
register **33**, 137
registration 33
regret to do 146
regretful **72**
regrettable **72**
regulate 35
regulation 109
reinforce 35
reject 10, 108

rejection **108**
rejoice 35
related **72**, 151
relative 45, **72**
relevance 73
relevancy 73
relevant **73**
reliable 33
relieved 74
reluctant **73**, 81
rely **33**
remain to be discussed 151
remember 32, 129
remembrance **108**
removal **108**
remove 108, 121
render **33**
renew 35
renewable energy 160
reorganization 109
reorganize 35
repay 35
repeat the course 138
repetition 109
replace ... with ~ 38
replacement 109
representation 109
reprimand 119
reproach **33**, 34
reproduction 109
reptiles 158
republican 74
request **34**
require **34**, 121
required course 137
requirement 34
research method 154
resemblance **108**, 132
resemble 132

resent 35
resentment 109
reserved 58
reside **34**
residence 34
resident 34
residential 34
resign 35
resignation 109
resolve ... (into ~) 116
resonance 109
resort **34**
respect 3, 73, 121
respectable **73**
respectful **73**
respective **73**
responsible 64
restless 74
restoration **108**
restore 108
restraint 109
restriction **108**
result 104
result from ... 150
result in ... 118, 150
retirement **109**
retract 132
retreat **35**
return 139
return to ... 123
reunite 35
reveal 150
reveal ... (to ~) 125
revelation **109**
revise 25, 35
revision 109
revival 109
revive 35, 120
revolution 35

revolutionary 74
revolve **35**
rhythmic(al) 74
ridiculous 74
right 45
righteous 74
rigid 74
ring finger 159
rise to fame 131
risk management 161
ritual 109
rival 35
rob 11
robbery 109
romantic 74
root 158
rosy 74
rotate **35**
rotation 35
rounding 157
royal 74
rude 74
ruin 35, 130
run out 125
rural 74

S

sacred 78
salvation 111
sanction **109**
sandy 78
sane 78
satisfaction 74
satisfactory **74**
satisfy 74
Saturn 157
savage 78
say ... again 155
say ... louder 155

187

say ... one more time 155
say ... slower 155
scan 40
scare 40
scared 78
scholarship (fund) 161
school credit statement 140
School of Agriculture 136
School of Dentistry 136
School of Design 136
School of Economics 136
School of Education 136
School of Engineering 136
School of Law 136
School of Letters 136
School of Medicine 136
School of Pharmaceutical Sciences 136
School of Sciences 136
science of nursing 156
science of nutrition 156
scold 119
scope **110**
scorn 11, 40
screw 158
second-year student 136
secure **74**
security 74
see the point 149
see you soon 144
seed 158
segregation **110**
seismic intensity scale 158
seismology 156
self-conscious 78
self-responsibility 161
semi-conductor 158
send out 125
senior 136

sense 74
sensibility 74
sensible **74**
sensitive **74**
sensitivity 75
sentimental 78
separation **110**
sequence **110**
session **110**
set lunch 140
set meal 140
set on [upon] ... 126
set to work (on ...) 124
severe 58
shady 78
shallow **75**
shallowness 75
shame 75
shameful **75**
shameless 78
sharpen 17
sheer 78
shin 159
shortage 111
show 150, 154
shrink **36**
shut down 138
side with ... 133
sign up for 137, 140
significance 36
significant 36
signification 36
signify **36**
similarity **110**
simplicity 111
simultaneity 75
simultaneous **75**
sincere **75**
Sincerely (yours) 147

sincerity 75
singular 78
situated **75**
skill 75
skilled **75**
skillful,《英》skilful **76**
slavery 111
sleeping pill 159
slender 78
slim 78
slippery 78
sly 78
smash 40
smear 40
snowslide 158
soar 40
sober 78
so-called 78
sociology 156
sodium 157
solar 78
solar cell 160
solar eclipse 157
sole [形] **76**
sole [名] 159
solemn 78
solid 157
solitude 111
solution 157
sophisticated 78
sophomore 136
sore 78
sorrow 111
Sorry for ... 146
sour 78
sovereign **76**
sovereignty 76
space satellite 160
speak to ... 142

specialize in ... 137
specialty,《英》speciality 137
species 111
specific 36
specification 36
specify **36**
spectacle 111
spectacular 78
speculate **36**
speculation 37, **110**
speculative 37
sphere 157
splendor,《英》splendour 111
spoil 130
spontaneity 76
spontaneous **76**
sports club 140
spur 20, **37**
square 157
stab 40
stability 111
stable 78
stack **37, 111**
stale 78
stand up for ... 133
standing 111
standpoint **111**
start 120
start up 138
starvation 161
state-of-the-art technology 160
static 78
stationary 78
statistics 111, 156
stay away from ... 128
steep 78
stem **37**, 150, 158
stern 78
stick to ... 3

sticky 78
stiff 78
stimulate 20, **37**
stimulation 37
stimulus 37
stormy 78
strategy **111**
strict 58, **76**
strictness 76
strive **37**
stroke 159
stubborn 78
student at [in] ... 142
student ID card 139
student registration certificate 140
study 137
subdue 40
subject **38**
subjective **76**
subjectivity 77
submission 38
submit **38**, 118, 138
submit to ... 39
subsequent **77**
substance 77
substantial **77**
substitute **38**
substitution 38
subtle 78
subtract **38**
subtraction 38
suburban 78
succeed 15, **38**, 131
succeed (in ...) 123
succeed to ... 20, 133
success 39
successful 39, 123
succession 39
successive 39

sudden 45
sue **39**
suffice 77
sufficiency 77
sufficient **77**
suggest 18, 123, 150
suitable 46
summon 40
sunny 78
superficial **77**
superior 61
superiority 111
supervise 40
supervision 111
supplement **39**
supplementary 39
support 133
supposition 111
suppress 40
suppression 111
supremacy 77
supreme **77**
Sure. 148
surf the Internet 160
surface area 157
surmount 124
surpass 40
surprising discovery 154
surrender **39**
surrender to ... 125
survey 20, 111
survive 120
suspicion 77
suspicious **77**
sustain 40, 129
sustainable 160
swift **78**
swiftness 78
switch the subject 152

symbol 78
symbolic **78**
symbolize 40
symmetric(al) 78
sympathetic 39, 79
sympathize **39**
sympathy 39
symptom 111
systematic 78

T

table 154
tactics 111
take ... into consideration 130
take ... to court 39
take ... to heart **133**
take advantage of ... **132**
take after ... **132**
take back **132**
take on **132**
take on a part-time job 141
take over **133**
take part in ... 127, **133**
take place **133**
take pride (in ...) 5
take sides with ... **133**
take the same course again 138
take turns 4
take up **134**
talent 96
talented 80
talk about ... 153
talk with ... 144
tame 41, 80
task 112
technical assistance 161
technique 112
telecommute 160
tell ... from ~ 12

temper 112
tempt **40**
temptation 40
tenable 148
tender 41
tense 41, 80
tentative **79**
term paper 138
terminate 41, 117
terrific 80
terrify 41
territorial issue 161
testify **40**
testimony **111**
Thank you for ... 146
thankful 57
thanks 97, 146
Thanks for ... 146
Thanks in advance for ... 146
That is all for ... 155
That's right. 143
the Milky Way 157
the Polar Star 157
the same as ... 148
the science of nursing 156
the science of nutrition 156
thigh 159
third-year student 136
thoughtful **79**
three-digit number 157
thrive 41
throng **112**
tie-up 104
To whom it may concern 145
token **112**
tolerable **79**
tolerance 79
tolerant 56, **79**
tolerate 79

topic 153
torture 41, 112
total solar eclipse 157
touch typing 158
tragedy 112
tragic 80
trait 96
transfer **40**
transform 41
transformation 112
transition **112**
transmission 112
transparent 80
transport **41**
transportation 41
treasure 41
treat ... fairly [with justice] 122
treatment 112
tremendous 80
trespass **41**
triangle 157
triangular pyramid 157
tribute **112**
triumph **41**, **112**
triumphant 41, 112
trivial 80
tropical 80
troublesome 80
tsunami 158
turn down 10
turn in ... 138
turn to ... 152, 154
typhoon 158
typical **79**
tyranny 112

U

ultimate **80**
unanimity 80

unanimous **80**
unavoidable 61
unaware **80**
unbelievable 60
uncertainty **113**
uncomfortable 81
uncommon 81
unconcerned (about ...) 60
unconscious **80**
unconsciousness 80
uncountable 81
underestimate 131
undergo 42, 128
undergraduate 161
underground 81
underlie 42
underlying **80**
underrate 131
understand 131, 149
undertake **42**
undo 42
undue 81
uneasiness 81
uneasy **81**
unemployment 113
unexpected 45, 81
unfair 81
unfortunate 81
unify 21, 42
unite 21, **42**
united 81
unity 113
university-industry research collaboration 161
unjust 81
unnatural 81
unpaid 81
unpleasant 81
unrelated 72

192

unsatisfactory　81
untenable　148
untidy　81
unwilling　73, **81**
uphold　42
upload　139
upright　81
upset　42
up-to-date　81
uranium　157
Uranus　157
urge　**42**
use　132, 134
utility　113
utilize　42, 132
utter［動］　42
utter［形］　81

V

vacant　82
vague　46, 82
valid　**81**
validity　81
value　**42**
vanish　43
variable　43
variation　43, **113**
varied　52
various　52
vary　**43**
vast　60, 82
veil　43
Venus　157
verify　43, 150
version　**113**
vertical　82
vice　114
vicinity　**113**
vicious　82

viewpoint　114
vigor　114
vigorous　82
violate　113
violation　**113**
vision　95
visual　82
vivid　82
vocal　82
vocation　114
vocational　82
volume　157
volunteer　**43**
vote　43
vulnerability　82
vulnerable　**81**

W

wander　44
want　24
wanting　**82**
warn　**43**
warrant　17
waste　134
wealthy　82
weary　**82**
weather satellite　160
website　139
weigh　44
welfare　**114**
well-being　**114**
when it comes to ...　**120**
widespread　82
wit　114
with reference to ...　121
with regard to ...　121
with respect to ...　121
withdraw　44, 132
withhold　**43**

withstand 44
witness 44
wonder **44**, 145
work for ... 142, 143
work in ... 142
work out 131
work part-time 141
worldwide 82
worth **82**
worthless 82
worthwhile **82**
wreck 114

Y

yearly **83**

yield **44**
yield to ... 39, 125
Yours 147
Yours sincerely [faithfully] 147
youth 83
youthful **83**
youthfulness 83

Z

zeal 83, 105
zealous **83**
zealousness 83
zoology 156

KENKYUSHA

〈検印省略〉

九大英単 大学生のための英語表現ハンドブック
<ruby>きゅうだい<rt></rt></ruby> <ruby>えいたん<rt></rt></ruby> <ruby>だいがくせい<rt></rt></ruby> <ruby>えいごひょうげん<rt></rt></ruby>

	2014年3月1日 初版発行　2024年10月31日 12刷発行
編著者	九州大学 英語表現ハンドブック編集委員会 Copyright © 2014 by Kyushu University
発行者	吉田尚志
発行所	株式会社 研究社 〒102-8152 東京都千代田区富士見 2-11-3 電話　03(3288)7711 (編集) 　　　03(3288)7777 (営業) 振替　00150-9-26710 https://www.kenkyusha.co.jp/
印刷所	TOPPANクロレ株式会社

ISBN 978-4-327-45259-9　C7082
Printed in Japan
装丁・本文デザイン　亀井昌彦
音声録音・編集　(株)東京録音

本書の無断複写 (コピー) は著作権法上での例外を除き、禁じられています。また、私的使用以外のいかなる電子的複製行為も一切認められておりません。落丁本、乱丁本はお取り替えいたします。ただし、古書店で購入したものについてはお取り替えできません。